Florence Hocheder

111 Lieux
en Seine-et-Marne
à ne pas
manquer

W0084952

emons:

© Emons Verlag GmbH
Tous droits réservés
Crédits photographiques : © Florence Hocheder sauf
chap. 9 La Galleria Continua © Zhanna Kadyrova, Untitled,
2019 Antiquités en verre, fil de pêche Dimensions variables,
Courtesy the artist and GALLERIA CONTINUA
© Osvaldo González, Tautología, 2, 2017, Plaque de Plexiglas,
ruban adhésif d'emballage, 147 x 220 cm – Courtesy the artist
and GALLERIA CONTINUA ;
chap. 32 Le Moulin Jaune ©Le Moulin Jaune ;
chap. 79 Les Assaisonnements Briards © Les Assaisonnements Briards
Couverture : © shutterstock.com/catus
Mise en page : Eva Kraskes, d'après un concept
de Lübbeke | Naumann | Thoben
Cartographie : altancicek.design, www.altancicek.de
d'après OpenStreetMap
Impression et façonnage : Grafisches Centrum Cuno, Calbe

Achevé d'imprimer en 2021
Édition originale
Dépôt légal : juin 2021
ISBN : 978-3-7408-1050-4

Avant-propos

De prime abord, la Seine-et-Marne peut paraître peu attrayante. C'est une région agricole comme il en existe tant avec de vastes étendues sans relief où poussent betteraves, blé et autres céréales, un département également trop près de Paris pour donner aux Franciliens l'envie d'y passer une journée. Pourtant, lorsqu'on prend le temps d'y regarder de plus près, c'est une tout autre image qui se dégage et l'on découvre un territoire tout à fait étonnant, qui a profité pendant des siècles de sa proximité avec la capitale. En effet, au Moyen Âge, la Seine-et-Marne constituait une zone tampon entre les rois de France et leurs ennemis jurés, les Bourguignons, et a joué pendant longtemps un rôle important dans l'approvisionnement de la capitale en bois, en matériaux de construction et en denrées alimentaires.

À partir du XIXᵉ siècle, les artistes du monde entier s'y précipitèrent pour profiter de ses paysages et de sa lumière. Alfred Sisley, Rosa Bonheur, Samuel Beckett ou Victor Vasarely, entre autres, y laissèrent une empreinte indélébile. Les Parisiens n'étaient pas en reste : ils prirent l'habitude de passer leurs dimanches dans les guinguettes du bord de Marne ou de Seine tandis que les plus fortunés s'y faisaient construire de sublimes maisons de campagne. C'est aussi en Seine-et-Marne que firent fortune de grandes dynasties d'industriels, construisant d'immenses usines et restructurant villes et campagnes.

Si vous pensez que la Seine-et-Marne n'a rien à offrir, suivez une Seine-et-Marnaise d'adoption qui pensait, à tort, que sa région était triste et sans surprise. Grâce à ce guide, je vous emmène à la rencontre de lieux étonnants, témoins d'un riche passé. Les habitants d'aujourd'hui ne sont pas en reste : je vous offre également une sélection de restaurants hors du temps, chambres d'hôtes étonnantes, ateliers d'artistes ou lieux de fabrication de produits d'exception – il y en a pour tous les goûts et pour toutes les bourses. Si vous aimez sortir des sentiers battus et emprunter les routes buissonnières pour découvrir des endroits insolites, laissez-vous tenter par ce guide pas comme les autres. Alors à vos baskets, prenez votre bâton de pèlerin et sortez de chez vous !

111 Lieux

1__ La grotte Notre-Dame

Lourdes en pays Briard

En 1958, pour commémorer le centenaire des apparitions de la Vierge à Bernadette Soubirous, le père Jean-Baptiste Fabing décida de créer un lieu de pèlerinage à Amillis. Originaire de Moselle, où les grottes étaient alors très populaires, le curé opta pour une réplique de celle de Lourdes. L'homme était très estimé au sein de sa communauté, et son projet fut rapidement adopté. De fait, un habitant du village alla jusqu'à offrir un terrain, idéalement situé dans le bois de la Croix qui surplombait le village. Les bras ne manquèrent pas puisque les paroissiens furent rejoints par des ouvriers métallurgiques de Moselle appelés en renfort. La grotte vit le jour en seulement trois semaines et – insigne honneur – reçut la bénédiction du pape Jean XXII. Le 3 juillet 1958, des milliers de fidèles étaient présents pour son inauguration.

Aujourd'hui, loin d'être aussi visitée que sa grande sœur de Lourdes, la grotte d'Amillis n'en reste pas moins un lieu spirituel important, notamment pour la communauté des gens du voyage. Ils ne sont pas les seuls : nombreux sont ceux qui viennent s'y recueillir, ou tout simplement prendre un peu de temps loin du bruit et de l'agitation, croyants ou non. La messe du 15 août reste également un moment important pour beaucoup, car elle regroupe chaque année de nombreux fidèles autour de la figure de la Vierge.

Les habitants d'Amillis y sont particulièrement attachés et sont très fiers de ce qu'ils appellent l'auto-entretien de la grotte. Ce sont en effet des bénévoles qui ont permis à cette simple structure de béton de devenir un lieu unique. Un groupe de volontaires permanents prend en charge les gros travaux et ce sont les visiteurs qui, s'ils le souhaitent, s'occupent du petit entretien. La grotte reçoit également des dons afin de réparer ou remplacer certains éléments détériorés. Ainsi, depuis plus de 60 ans, tous ces anonymes ont su garder vivant l'esprit de ce prêtre bâtisseur.

Adresse Route de Bellevue, 77120 Amillis | **Accès** À partir de la mairie, à 1 kilomètre du bourg, D215 direction Jouy-le-Châtel | **Horaires d'ouverture** En libre accès. Visites guidées pour les journées du patrimoine, informations en mairie au 01 64 04 60 26 | **À savoir** Cette visite est à compléter par celle de l'église du village d'Amillis, également réhabilitée sous l'impulsion du père Fabing. Il initia également la construction de l'église Notre-Dame-des-Roses à Grisy-Suisnes, que vous pouvez aussi visiter.

2 — Les cubes de Kepler
Illusions d'optique

Connaissez-vous l'artiste Victor Vasarely ? Peut-être pas, c'est pourtant loin d'être un inconnu ! Ceux qui ont été les heureux propriétaires d'une Renault après 1972 ont d'ailleurs souvent côtoyé son travail sans le savoir puisqu'il a réinterprété, avec son fils Yvaral, le logo du constructeur automobile, créant le fameux losange strié noir et blanc avec son effet 3D.

Il réalisa aussi le portrait géant du président Pompidou visible au centre Beaubourg, ou encore la pochette de l'album *Space Oddity* du chanteur David Bowie. Moins exposées, certaines de ses œuvres se trouvent également chez nous, en Seine-et-Marne, en particulier à Annet-sur-Marne où le père de l'art optique, « l'Op Art », s'installa à partir de 1962 pour y travailler jusqu'à sa mort en 1997.

C'est rue des Reliques qu'il acheta une grande propriété. Lieu de vie pour sa famille, il en fit également son lieu de création, qui comprenait deux ateliers : un petit qu'il occupait, et un plus grand, réservé à ses collaborateurs, qui servait aussi de salle d'exposition pour les grandes fresques et les maquettes d'intégrations architectoniques. Malheureusement victime d'un incendie, la propriété a été délaissée et est aujourd'hui envahie par la végétation. Cependant, il reste d'autres témoignages du travail de l'artiste dans la commune. En effet, dans l'enceinte du centre culturel Claude Pompidou se trouve l'une de ses sculptures, qu'il a offerte à la ville dans les années 1970. Cette œuvre de la série des « bidimes » représente deux cubes de Kepler emboîtés. À la mairie, une tapisserie et des sérigraphies sont aussi exposées dans la salle des mariages.

Dans ces étonnantes réalisations, on retrouve les fondamentaux du créateur, qui jouait avec des formes géométriques simples pour créer une distorsion de la perception. Présentes à divers endroits de la ville, on les retrouve même sur la tombe familiale : il fit graver dans le marbre un carré et un cercle, symboles de toute son œuvre.

Adresse Centre culturel Claude Pompidou, 41 rue de Rigaudin, 77410 Annet-sur-Marne |
Accès De Meaux, suivre N3, D404 ou D45 | **Horaires d'ouverture** Libre accès à l'extérieur
du centre culturel. Pour les œuvres qui se trouvent à la mairie, contactez la municipalité au
01 60 26 02 79 | **À savoir** Pour en apprendre plus sur le peintre et plasticien Victor Vasarely,
deux lieux importants : le centre Pompidou-Beaubourg à Paris et la fondation Vasarely à
Aix-en-Provence.

3_ La plaque funéraire de Monaldeschi

Il ne faut jamais trahir une femme

L'église Saint-Pierre d'Avon est l'un des édifices religieux les plus anciens de la région ; le début de sa construction est estimé vers 1100. À partir du XIIIᵉ siècle, cet édifice de grès simple et massif devint église royale, et le resta jusqu'au règne de Louis XIV. Elle accueillait les monarques séjournant à Fontainebleau qui venaient y suivre la messe. Outre son très beau porche, sous lequel la marquise de Maintenon enseignait le catéchisme aux petits Avonnais, elle renferme entre ses murs une importante collection de pierres tombales. Ces dernières ont été fixées au mur au XIXᵉ siècle afin de les sauvegarder.

Parmi la soixantaine existante, il en est une particulièrement remarquable puisqu'elle témoigne d'un meurtre. En effet, ci-gît Giovanni Monaldeschi, écuyer et favori de l'ex-reine Christine de Suède, assassiné sur ordre de cette dernière en 1657 dans la galerie des Cerfs du château de Fontainebleau. Pour une sombre histoire de trahison, le voilà le 10 novembre face à ses bourreaux. La reine était présente et, ne lui laissant aucune alternative, jeta ses spadassins sur le malheureux. Touché à plusieurs reprises, il succomba à ses blessures. Ce meurtre valut à la reine le surnom de « Sémiramis suédoise », en référence à une reine guerrière de Babylone. Si l'affaire embarrassa quelque peu Mazarin et Louis XIV, elle fut vite étouffée et le corps discrètement enterré à Avon.

Pour suivre cette triste histoire, je vous propose une double visite, avec comme première halte le château de Fontainebleau. Si la somptueuse galerie des Cerfs, édifiée sous le règne d'Henri IV, est rarement ouverte au public, il est tout de même possible en parcourant les pièces les plus anciennes d'imaginer la scène et les protagonistes. La deuxième étape vous conduira dans l'église d'Avon, devant la minuscule plaque funéraire du pauvre italien.

Adresse 38 rue des Chênes, 77210 Avon | **Accès** Église juste en face de la mairie | **Horaires d'ouverture** Selon le calendrier des messes | **À savoir** Si vous rêvez de la vie de château, il est possible de louer la galerie des Cerfs pour y organiser des repas de gala ou des soirées.

4_ La caverne des Brigands

Tremblez, canailles !

La forêt de Fontainebleau est riche de lieux remarquables, paysages naturels ou constructions humaines – parfois même un peu des deux. C'est le cas de la caverne des Brigands à Barbizon. Située dans les gorges d'Apremont, il s'agit d'une cavité naturelle qui fut élargie et aménagée par Claude-François Denecourt, personnage hors norme intimement lié à la forêt, dont il tomba amoureux et qu'il rendit extrêmement populaire.

Au milieu du XIXe siècle, Denecourt ouvrit ces bois au tourisme. Pour ce faire, il créa des dizaines de chemins – 150 kilomètres en tout – jusqu'à sa mort. Il les balisa à l'aide de flèches bleues. Pour rendre les promenades plus pittoresques, il aménagea des passages, des fontaines ou des abris. La caverne des Brigands faisait partie de ces attractions : pour y mettre plus de piquant, il inventa une légende selon laquelle la grotte aurait servi de repaire à une bande d'assassins, histoire parfaite pour donner le frisson aux promeneurs de l'époque.

Ce que Claude-François Denecourt ne savait pas, c'est que, presque 100 ans plus tard, sa fausse légende devint réalité. En effet, la caverne fut, dans les années 1930, la scène d'un meurtre sordide. Eugène Weidmann, un *serial killer* surnommé le « tueur au regard de velours », s'attaqua à une femme de chambre qu'il avait attirée dans la grotte par une fausse annonce. Avec un complice, il la tua et l'enterra sur place. L'histoire finit mal pour lui aussi, puisqu'il fut arrêté et condamné à mort en 1939. Il fut le dernier condamné à être guillotiné en place publique.

Témoin de cette exécution, l'acteur anglais Christopher Lee, connu pour ses rôles de Dracula ou du docteur Wonka dans *Charlie et la Chocolaterie*, garda toute sa vie le souvenir de cette expérience traumatisante. Heureusement, la caverne des Brigands est aujourd'hui un endroit tout à fait comme il faut. Il n'y a donc plus de raison d'avoir peur de ces fameux brigands, malandrins et autres coupe-jarrets.

Adresse Parking allée des Vaches, 77630 Barbizon | **Accès** À partir de Fontainebleau prendre la D417, la D607 puis la rue Gabriel-Séailles | **À savoir** Autre attraction des sentiers bleus, la tour Denecourt. Ce monument édifié au sommet Est de la chaîne du Cassepot, à 136 mètres d'altitude, offre une vue à 360 degrés sur la forêt de Fontainebleau.

5 La Fruitière

Que la joie demeure

Dans le village de Beautheil-Saints, tout près de l'église, se trouve une très vieille maison de maître, déjà présente sur le cadastre de 1710. Selon toute probabilité, elle est encore plus ancienne, comme en témoigne un souterrain aujourd'hui bouché, qui partait de ses caves pour relier le château de la Barre, détruit pendant la guerre de Cent Ans. Cette demeure a une autre particularité, très rare en Seine-et-Marne : elle abrite un ancien fruitier en parfait état dans sa grange. Cet ensemble de plateaux tournants permettait autrefois de conserver les fruits et les fromages.

Il était bien le seul à être en bon état lorsque Laure et André Ferreira achetèrent la maison en 2016 car, pour celle-ci, c'était une autre histoire. Mais qu'à cela ne tienne, à cœur vaillant rien d'impossible, ils débutèrent les travaux, et ce qui devait être au départ un restaurant se transforma en chambres d'hôtes. Trop de travaux, trop de frais et, surtout, l'intuition qu'ils devaient remanier la bâtisse le moins possible pour retrouver l'âme des lieux. Ainsi fut fait, et cinq mois et demi plus tard, ce couple de passionnés redonna vie à la maison.

Désormais, Laure et André vous accueillent à La Fruitière. Dans un cadre d'une simplicité pleine de charme, ils proposent quatre chambres à des prix très raisonnables et la possibilité de manger à leur table d'hôtes tous les soirs si vous le souhaitez. C'est monsieur qui est aux fourneaux : ancien chef de cuisine, il connaît son affaire et vous concocte de bons petits plats avec les légumes du jardin et des produits locaux de première qualité. Vous pourrez les déguster dans la jolie salle à manger ou dans le jardin et participer aux quiz gourmands qu'il organise pour animer les repas. La Fruitière, c'est aussi une ambiance familiale et décontractée, car ces deux-là sont la joie de vivre incarnée et ont une pêche d'enfer. Leur bonne humeur est communicative et permet à chacun de passer un merveilleux moment dans cette belle campagne briarde.

Adresse 21 Grande-Rue, 77120 Beautheil-Saints, tél. 06 71 22 51 58/06 30 50 79 07, www.lafruitiere77-chambresdhotes.com, lafruitiere77@gmail.com | **Accès** De Coulommiers D934, D402, D15 | **À savoir** À Beautheil-Saints, il existe l'atelier de céramique de Valérie Lamarche, Estampille Céramique. Si vous voulez découvrir son travail, vous pouvez la contacter par téléphone au 06 71 98 86 24 ou à val.lamarche@gmail.com.

6__Le pressoir à pommes
Un cidre made in Seine-et-Marne

Il serait dommage de manquer le tout petit village de Beton-Bazoches perdu dans l'immensité de la plaine céréalière qui l'entoure, car il recèle en son cœur un pressoir monumental tout à fait remarquable. Unique en Île-de-France, il a été conçu en 1850 par un compagnon du Tour de France, Désiré Naveau.

Natif de Beton-Bazoches, on peut dire que celui-ci voyait grand pour son village. En effet, pour broyer les pommes, il installa un gadage, sorte de moulin à pommes équipé d'une meule en grès de 700 kilos. Celle-ci était si énorme que le cheval qui tirait la pierre était remplacé toutes les deux heures pour éviter que l'animal ne succombe sous l'effort. Pour presser le jus, Désiré Naveau réalisa des doubles presses. Fonctionnant en alternance, elles permettaient de produire des centaines d'hectolitres de jus par an. À ce stade, l'auxiliaire pour ce pressage n'était plus un cheval, mais des hommes. Eh oui, ils étaient installés dans deux grandes cages à écureuil permettant ainsi aux engrenages de fonctionner et au pressoir de presser…

À l'époque, toutes les pommes étaient cultivées sur place et acheminées au pressoir par tombereaux. On trouvait parmi elles la Faro, qui aime le plein vent, la Marie-Madeleine, très appréciée dans la région de Meaux ou encore la Nouvelle France, originaire de Brie – elles provenaient alors de particuliers ou des fermes environnantes. D'abord écrasées dans le gadage, elles étaient transférées au niveau des presses où était formée une pillée, un lit fait de couches de paille de seigle et de pulpe de pomme. Une fois obtenu, le jus était ramené en tonneaux aux propriétaires, qui le laissaient fermenter tranquillement 30 à 40 jours avant de le mettre en bouteille. Le pressoir n'est plus utilisé depuis 1930, mais à Beton-Bazoches la tradition demeure, et c'est avec celui de la place de l'église que chaque année, pendant la fête du Cidre, les pommes sont pressées comme au bon vieux temps.

Adresse 2 rue de l'Hôtel-de-Ville, 77320 Beton-Bazoches | **Accès** Accès N4 (Paris-Strasbourg) | **Horaires d'ouverture** Sur rendez-vous pour les groupes de 10 personnes minimum, tél. 01 64 60 26 26 (office du tourisme de Provins). Pendant la fête du Cidre le deuxième dimanche d'octobre, visite libre du pressoir toutes les heures | **À savoir** Le chirurgien Louis Hubert Farabeuf, à qui on attribue l'introduction de l'hygiène dans l'enseignement médical français, a habité le village. Une statue à son effigie se trouve à l'école nationale de médecine de Paris, dont le grand amphithéâtre porte également son nom.

7 Le château fort

Une Dame de fer

Comme tous les châteaux, celui de Blandy-les-Tours connut une histoire mouvementée. Au début du XIIe siècle, de simple manoir fortifié, il devint château fort sur ordre du roi afin de se protéger des Anglais, qui parvinrent néanmoins à le prendre et à l'occuper de 1422 à 1435. Il repassa aux mains des Français, changea plusieurs fois de propriétaires pour finir en ruine au début du XVIIIe siècle. Mais pour moi, il est avant tout le château de Jacqueline de Rohan-Gyé qui fut, au XVIe siècle, seigneuresse de Blandy, régente du comté de Neuchâtel et qui connut un destin incroyable, dans la vie comme dans la mort.

En 1557, cette princesse catholique décida de se convertir au protestantisme. Ardente défenseure de sa nouvelle religion, elle fit de son château de Blandy-les-Tours un refuge pour les huguenots pourchassés lorsque les guerres de religion éclatèrent. Il faut dire qu'elle était aux premières loges lors de la Saint-Barthélemy, puisqu'elle avait rejoint Paris pour le mariage d'Henri IV et de Marguerite de France, la célèbre reine Margot. En 1568, elle est arrêtée par son propre neveu et emmenée au Louvre comme otage.

À sa mort en 1587, la Dame de Blandy n'avait pas abjuré sa foi ; elle fut néanmoins inhumée dans l'église du château. À la Révolution, son corps fut déterré au nom de l'égalité pour être enseveli avec les autres dans le cimetière communal, comme tout citoyen. En 1854, nouveau déménagement, car le cimetière est déplacé à l'extérieur de village. C'est l'un de ses descendants, le duc d'Aumale, qui finance cette nouvelle sépulture, mais l'évêque de Meaux refuse qu'elle repose parmi les bons catholiques. La tombe est donc installée à l'écart. En 1990, celle-ci est de nouveau déplacée pour cause de travaux. En entrant dans le cimetière, vous la trouverez à droite près du mur d'enceinte où enfin son corps repose en paix pour l'éternité, espérons-le !

Adresse Place des Tours, 77115 Blandy, tél. 01 60 59 17 80, www.chateau-blandy.fr |
Accès De Melun D605, D408, D115, le château se trouve au centre du village | **Horaires
d'ouverture** Renseignements sur le site du château. Visites guidées d'1 h 30 ou visites flash
de 30 minutes sur un thème spécifique sur réservation. En mai est organisé au château un
week-end médiéval et en août un cinéma en plein air | **À savoir** Pour vous restaurer, il y a
tout ce qu'il faut dans le village et à tous les prix. Lorsqu'il fait beau, il est particulièrement
agréable de manger au pied du château.

8 La Brasserie des Grottes et la Cav'Escale

Les hommes des cavernes

Il faut longer la Seine pour tomber sur cette ancienne carrière de chaux. Transformée tour à tour en champignonnière puis en lieu de stockage par un éditeur parisien, elle a été investie par Jean-Paul Soriano et son fils Alexandre, qui ont trouvé le lieu rêvé pour leurs activités respectives. Si l'idée peut paraître inattendue de prime abord, elle s'avère évidente en apprenant que le premier est brocanteur et le second brasseur. En effet, ces souterrains sont vastes, salubres et leur température de 12 °C est constante toute l'année – un environnement idéal pour ce duo père-fils !

Sur la propriété, ils ont aménagé leur « chez-eux », avec d'un côté la brasserie et de l'autre la brocante, avec une entrée indépendante pour chacun. Jean-Paul a été le premier à commencer son activité de brocanteur : il a rempli sa caverne de meubles anciens, d'objets insolites et de tableaux, offrant aux amateurs un lieu unique pour chiner qu'il ouvre le premier dimanche du mois – le reste du temps, il travaille sur rendez-vous. Pour Alexandre, l'installation est plus récente puisqu'il a démarré son activité en janvier 2020. Lui non plus ne pouvait pas trouver mieux ! C'est dans cet endroit pas comme les autres qu'il crée avec Lionel Turpin, son associé, des bières artisanales basse fermentation sous l'œil attentif de ses deux axolotls, devenus emblèmes de la marque.

Pour que les clients puissent prendre le temps de déguster leur petite mousse, ils ont créé un bar extérieur ouvert en fin de semaine à la belle saison. Réalisé à partir de matériaux recyclés, il évoque un bateau avec ses voiles tendues et ses tonneaux. Pour profiter du cadre, vous pouvez aussi vous installer sur l'ancien quai de chargement qui a été transformé en terrasse couverte. Alors si l'envie vous prend de déguster une Grottesque (blonde maltée) ou une Red Bear (ambrée au miel de châtaigner), n'hésitez pas à faire un petit tour à Boissise-la-Bertrand.

Adresse 1806 rue de Seine, 77350 Boissise-la-Bertrand, tél. 06 37 78 28 73, www.facebook.com/brasseriedesgrottes, brasseriedesgrottes@gmail.com (brasserie) ; tél. 06 80 87 88 20, jpsjps777@gmail.com (brocante) **| Accès** De Melun, route de Boissise, puis D39 **| Horaires d'ouverture** Le bar : à partir d'avril, le vendredi de 16 h à 20 h. La brocante : le premier dimanche du mois, sauf en janvier, de 9 h à 18 h et sur rendez-vous **| À savoir** Alexandre propose aussi du pain fabriqué par un boulanger des environs, qui est excellent.

9 La Galleria Continua

L'art au rythme de la campagne

La Galleria Continua est avant tout un concept. Elle a été créée par trois galeristes italiens, Mario Cristiani, Lorenzo Fiaschi et Maurizio Rigillo, qui ont décidé dans les années 1990 de rendre l'art contemporain accessible à tout le monde et de le présenter partout – et surtout là où on ne l'attend pas. Quand on arrive à Boissy-le-Châtel, il ne faut pas s'attendre à trouver une galerie propre et aseptisée, car les trois compères ont investi deux anciennes papeteries qu'ils ont laissées dans leur jus, ou presque.

La Galleria Continua, c'est également une atmosphère. Dans la galerie, tout est interaction. À l'intérieur comme à l'extérieur, les galeristes ont voulu créer un véritable dialogue : entre le visiteur et les réalisations d'artistes venus du monde entier, mais aussi entre les oeuvres et les bâtiments chargés d'histoire, puisque les papeteries ont fait vivre des générations d'ouvriers dès la fin du XVIIe siècle. C'est en cela aussi que la magie opère. Pour rentrer dans le jeu, pas la peine d'être expert, il faut juste se laisser aller et abandonner ses préjugés. À partir de là, on va de surprise en surprise, des vêtements en céramique récupérée de Zhanna Kadyrova aux tableaux en scotch d'Osvaldo Gonzales. Rien ne vous oblige à adhérer aux différents concepts des artistes ; tous les ressentis, positifs comme négatifs, sont accueillis avec bienveillance.

On est également saisi par l'immensité des lieux car c'est un espace de 40 000 mètres carrés qui s'offre au public, composé du « Moulin de Boissy », dédié aux expositions temporaires et, lui faisant face, du « Moulin Sainte-Marie », qui accueille les installations permanentes. Pour découvrir le travail des artistes, il faudra traverser des halls, longer des coursives et accéder à des mezzanines. Mais ce n'est pas tout, car cette galerie « buissonnière » réserve bien d'autres merveilles ! Alors un conseil, n'y allez pas en coup de vent ; pour profiter de tout ce qu'elle propose, il vous faudra un certain temps.

Adresse 46 rue de la Ferté-Gaucher, 77169 Boissy-le-Châtel, tél. 01 64 20 39 50, publics@galleriacontinua.fr, www.galleriacontinua.com | **Accès** À partir de Coulommiers D222, D37 | **Horaires d'ouverture** Du mercredi au dimanche de 12 h à 18 h et sur rendez-vous | **À savoir** Sont aussi à découvrir le skate park, le jardin créé par la paysagiste Camille Frechou et le restaurant italien La Cachette, ainsi que tous les événements qui ponctuent l'année.

10__La ferme Le Safran
De l'or dans l'assiette

Dans sa petite ferme cachée au cœur du village de Boulancourt, Hervé Viron vous accueille pour partir à la découverte d'un produit d'exception qu'il cultive avec passion depuis une vingtaine d'années. C'est une épice rare que ce fils d'agriculteur a décidé de replanter sur l'exploitation familiale : le safran. Hervé Viron a repris une très vieille tradition qui s'installa dans la région du Gâtinais à la fin du XIIIe siècle. En effet, au Moyen Âge, le safran était largement utilisé en pharmacie ou en cuisine, et sa culture se répandit rapidement dans la région. Réputé pour sa qualité, le safran du Gâtinais fut exploité jusqu'à la fin du XIXe siècle. Pourtant, les temps et les goûts changent : trop chère à cultiver et moins appréciée, l'épice fut remplacée par d'autres produits et d'autres saveurs.

À partir des années 1980 cependant, le safran connut un regain d'intérêt. Des agriculteurs du Loiret reprirent sa culture pour diversifier leurs activités et, dans les années 2000, Hervé Viron fait de même en Seine-et-Marne. Comme autrefois, il travaille à la main. Dans un champ bien protégé des nuisibles, il plante ses bulbes mi-juillet, car cette plante de la famille des iridées se récolte en octobre. Puis vient le tour de la cueillette, qui se fait en famille et avec les amis. Si le temps le permet, ils dressent une table à l'extérieur pour commencer l'émondage, qui consiste à séparer les stigmates rouges des pétales pour les préparer à la dernière étape, le séchage.

À la fin du processus, on obtient l'épice la plus chère au monde, dont le kilo se négocie actuellement entre 30 000 et 40 000 euros. Alors attention à ce que vous faites en l'utilisant ! Pour le cuisiner, l'infusion est le maître mot, car le safran a besoin de temps pour libérer tous ses parfums. Hervé Viron vous expliquera exactement comment faire, car il faut avoir l'art et la manière avec ces précieux filaments. Et, si vous êtes intéressés, il vous donnera même ses recettes préférées.

Adresse 45 Rue-Grande, 77760 Boulancourt, tél. 01 64 24 13 41, hervesafran@orange.fr |
Accès De Fontainebleau D152, D103E, puis rue du Quellot | **Horaires d'ouverture** Vente
à la ferme sur rendez-vous | **À savoir** À l'entrée de village, vous pourrez admirer une énorme
poterne crénelée à deux tours. Malgré son aspect, cet édifice n'a rien de médiéval, puisqu'il
a été construit par une milliardaire américaine à la fin des années 1920.

11 La mairie-musée

Des vies d'artistes

À l'instar de Grez-sur-Loing ou de Barbizon, Bourron-Marlotte devint, au XIXe siècle, l'une des destinations préférées des artistes. Située près de la forêt de Fontainebleau, cette petite localité leur offrait des conditions de travail idéales. Il faut dire qu'à partir des années 1860, avec sa nouvelle gare, Bourron-Marlotte ne se trouvait plus qu'à deux heures de Paris. De grands noms de l'impressionnisme, tels Sisley ou Renoir, installèrent leur chevalet dans cette lumineuse campagne. Ils furent rapidement suivis par des écrivains, Émile Zola par exemple, des musiciens et même des cinéastes. Jean Renoir résida 20 ans dans la commune et y tourna son premier film, *La Fille de l'eau*.

C'est l'un de ces artistes, Charles Moreau-Vauthier, qui eut l'idée de créer ce drôle de musée en 1906. Cet homme-orchestre, à la fois écrivain, peintre, critique d'art et professeur de dessin, avait pour ambition de mettre la création artistique au service de l'éducation. La mairie lui parut être le lieu idéal pour ce projet. Il convainquit la municipalité du bien-fondé de sa démarche et regroupa 70 œuvres offertes par ses nombreux amis. Elles constituèrent la base du musée, qui s'étoffa au fil du temps.

Aujourd'hui, la collection regroupe plus de 450 peintures, sculptures et pièces d'art décoratif, concentrant une grande partie des courants artistiques du XIXe et du XXe siècle. Bourron-Marlotte reste toujours très appréciée des artistes et compte toujours sa petite « colonie » de créateurs. Parmi eux, Anne-Isabelle Roubaï, qui s'est installée dans la commune en 1998. Dans sa maison rue Marceau, elle a aménagé son atelier et le succès est arrivé rapidement. Depuis son observatoire, elle prend le pouls du monde pour le retranscrire sur ses toiles. Comme ses prédécesseurs, l'artiste a fait don d'une de ses œuvres à la mairie-musée, poursuivant une tradition née il y a plus d'un siècle dans ce joli bourg de Seine-et-Marne.

Adresse 135 rue du Général-de-Gaulle, 77780 Bourron-Marlotte, tél. 01 64 45 58 50, bourronmarlotte.free.fr, mairie-bourron-marlotte@wanadoo.fr | **Accès** De Fontainebleau, prendre la D607 puis rue du Maréchal-Foch | **Horaires d'ouverture** Du lundi au jeudi de 9 h à 12 h et de 14 h à 17 h 30, le vendredi de 9 h à 12 h et de 14 h à 17 h, le samedi de 9 h à 12 h. Visites guidées pour les journées du patrimoine de 14 h à 18 h. Visites de l'atelier de madame Roubaï sur rendez-vous au 06 82 25 71 65 ou par mail : 1enviedair@gmail.com | **À savoir** Bourron-Marlotte a la chance de disposer d'une librairie, L'Empreinte, qui est aussi une galerie d'art.

12___La loge des tailleurs de pierre

Un bon coup de ciseau

Cette construction en bois est devenue l'un des centres névralgiques du château de Brie-Comte-Robert, comme les loges l'étaient déjà au Moyen Âge. En effet, ces abris se trouvaient sur tous les chantiers. Au départ simples protections contre les intempéries ou lieux de cantine, ils se transformèrent progressivement en véritables « salles de réunion » où se retrouvaient architectes, maîtres d'œuvre et artisans pour discuter des questions techniques et des conditions de travail sur le chantier. Ces loges étaient la plupart du temps des structures temporaires, vouées à être démontées à la fin des travaux.

C'était aussi le cas lorsque l'association Les amis du vieux château de Brie-Comte-Robert entreprit de créer un atelier de taille de pierre afin de restaurer l'édifice. Ses membres utilisèrent longtemps de simples barnums en toile avant de construire, en 2019, un abri pérenne qu'ils souhaitèrent réaliser en harmonie avec le château. Depuis cette date, une structure en sapin *made in* France avec un toit végétalisé occupe une partie de l'ancienne cour du logis seigneurial, permettant ainsi aux bénévoles de continuer le travail de restauration dans de bonnes conditions et aux visiteurs de participer aussi à l'aventure.

Car c'est aussi ça la loge : permettre à un large public de prendre part aux activités qui sont proposées. En effet, de nombreuses animations ont été créées au sein du château. Les plus jeunes peuvent, par exemple, participer à des ateliers d'initiation à la taille de pierre tandis que les ados ont la possibilité de passer une semaine à découvrir les métiers du patrimoine. La loge permet aussi aux membres de l'association de se retrouver pour parler avancement des travaux ou nouveaux projets et d'être abrités en cas de mauvaise météo. Aussi indispensable aujourd'hui qu'autrefois, elle fourmille d'activités et participe ainsi à faire de ce beau château du XIIᵉ siècle un lieu à la fois vivant et ludique.

Adresse 1 rue du Château, 77170 Brie-Comte-Robert, tél. 01 64 05 63 31, www.amisduvieuxchateau.org, contact@amisduvieuxchateau.org | **Accès** Par la A4, la N104 et la D319 | **Horaires d'ouverture** Mercredi de 14 h à 17 h, samedi de 14 h 30 à 18 h et dimanche de 10 h à 12 h 30 et de 14 h 30 à 18 h. Fermeture annuelle en août | **À savoir** Le Centre d'interprétation du patrimoine, qui se trouve dans l'enceinte, est à visiter absolument. Il présente une quantité impressionnante d'objets découverts pendant les fouilles du château.

13__ Le moulin Russon

Meunier, tu dors, ton moulin va trop vite…

Quel beau moulin que ce moulin Russon ! Lové dans un joli vallon dans le bas du vieux Bussy, c'est un endroit formidable pour déconnecter de la vie un peu folle que nous menons et pour retrouver le rythme et les traditions d'antan. Si en 2000, ce bâtiment datant du XVe siècle n'était plus que l'ombre de lui-même, il a retrouvé une nouvelle jeunesse grâce à la communauté d'agglomération de Marne et Gondoire. Après d'importants travaux, l'endroit a ouvert ses portes au public en 2004 et permet depuis de redécouvrir une activité autrefois vitale en proposant une multitude d'ateliers et d'animations.

Je vous conseille de commencer la visite du moulin par l'extérieur avec le bief. Cette dérivation d'une partie du ru de la Brosse permet d'alimenter le moulin en eau. Il sert à faire tourner la roue, véritable moteur sans lequel il serait impossible de moudre le grain. Celle-ci est en bois, fait remarquable, car sa maintenance est lourde et sa durée de vie relativement courte – entre dix et quinze ans. Dirigez-vous ensuite vers la salle des engrenages et celle des meules à l'intérieur du bâtiment. Vous rentrez là au cœur du métier tel qu'il était pratiqué jadis. Il faut savoir que le moulin fonctionne parfaitement et produit sa propre farine, qui est vendue sur place. La fabrication et l'entretien technique sont réalisés par deux meuniers qui rencontrent les mêmes difficultés que ceux d'autrefois. D'ailleurs, ces meuniers n'ont pas le temps de se reposer – contrairement à ce que dit la chanson – car le métier reste dangereux et pénible.

Enfin, au troisième étage, vous accédez à la salle pédagogique où sont proposées différentes animations. Dans cette grande pièce aménageable selon les besoins, vous pouvez apprendre à faire du pain ou des gâteaux, mais pas seulement. L'équipe propose un grand nombre d'activités pour les petits comme pour les grands. Vous trouverez à coup sûr un atelier à votre goût dans ce moulin des mille et une découvertes.

Adresse Rue du Lavoir, 77600 Bussy-Saint-Georges, tél. 01 64 77 27 14, moulinrusson@marneetgondoire.fr, www.marneetgondoire-tourisme.fr | **Accès** D35E depuis l'A4 | **Horaires d'ouverture** D'octobre à mars : mercredi et dimanche après-midi de 14 h à 17 h. Fermé les dimanches de décembre et de janvier. D'avril à septembre : le mercredi de 14 h à 17 h et le dimanche de 15 h à 18 h. Pour tous les ateliers, réservation sur internet | **À savoir** Les moulins demandaient tellement d'entretien qu'on les comparait aux danseuses du XIXᵉ siècle, entretenues par de riches hommes.

14__ Le temple bouddhiste Ch'an Fa Hua

Une pause zen

Pour la deuxième visite dans la commune, il faut quitter le vieux Bussy et se diriger vers la ville nouvelle. Là, c'est un changement total de décor. Fini le charme d'antan du moulin Russon, vous arrivez dans le monde de l'ultra-moderne. Il n'est pas toujours facile de se repérer dans ces rues qui se ressemblent toutes et qui finissent parfois en cul-de-sac. Mais rassurez-vous, on y déniche des lieux tout à fait surprenants.

C'est le cas du temple chinois Ch'an Fa Hua, que vous trouverez au bout de l'allée Madame-de-Montespan, sur ce que l'on nomme « l'esplanade des Religions ». Le bâtiment est exceptionnel : il fait partie d'un projet unique en Europe, qui regroupe des édifices religieux dans un même lieu pour faciliter le dialogue entre communautés et promouvoir le vivre ensemble. Inauguré en 2012, il côtoie aujourd'hui une mosquée, une synagogue et une pagode laotienne, en attendant la construction prochaine d'un temple hindou et d'une chapelle catholique en 2024. Le temple bouddhiste est un immense ensemble de plus de 5 000 mètres carrés. Fait de verre, de bois, de pierre et de béton brut, il invite au calme et à la méditation. Les différentes cérémonies se déroulent dans l'un des trois espaces de la zone de culte, où vous pourrez admirer de superbes statues de Bouddha – la plus étonnante étant celle de la grande salle. Faite de jade blanc de Birmanie, elle mesure 3 mètres de haut et pèse 8 tonnes. Ce sont des moniales qui font fonctionner le temple. Elles en ont fait un lieu ouvert à tous et proposent de multiples activités : vous pouvez ainsi apprendre le chinois ou vous initier à la calligraphie. Vous avez également la possibilité de faire une retraite au temple ou simplement de profiter de son jardin et de son restaurant : dans une ambiance sympathique et décontractée, vous pourrez y déguster des plats végétariens aux noms évocateurs, tels les nouilles « bonheur » ou « longévité ».

Adresse 3 allée Madame-de-Montespan, 77600 Bussy-Saint-Georges, tél. 01 60 21 36 36,
info@foguangshan.fr, www.foguangshan.fr | **Accès** D406 depuis l'A4 | **Horaires d'ouverture**
Du mardi au samedi de 10 h à 17 h et le dimanche de 9 h 30 à 17 h | **À savoir** Le restaurant
végétarien n'est ouvert que du mercredi au dimanche. Vous y rencontrerez les moniales qui y
prennent aussi leur repas.

15__Le parc culturel de Rentilly
Quand nature et culture s'associent

Le domaine de Rentilly a été la propriété des Menier pendant près d'un siècle. Grâce à sa chocolaterie de Noisiel, la famille Menier fut l'une des plus riches et des plus actives de la région. Lorsque Gaston Menier acquit le domaine 1891, le château était déjà splendide, et l'homme d'affaires investit surtout dans le reste de la propriété. Il fit construire, entre autres, de superbes bains turcs dans les communs, qu'il fit équiper d'un système de chauffage ultra moderne. Tout n'était alors que « luxe, calme et volupté » !

Pourtant la vie n'est pas un long fleuve tranquille, et cette exceptionnelle demeure fut entièrement détruite en août 1944. À cette époque, c'est le fils de Gaston, Jacques Menier, qui était maître des lieux. Grièvement brûlé au visage après que son avion a été abattu en 1917, ce dernier refusait de s'exposer et vivait la plupart du temps reclus dans l'enceinte du domaine. Ironie du sort, c'est un incendie qui ravagea ce sublime édifice et, à sa place, une grosse maison bourgeoise sans véritable charme vit le jour.

La demeure fut à nouveau transformée à partir de 2011. Entre les mains du plasticien Xavier Veilhan, des architectes Philippe Bona et Elisabeth Lemercier et du scénographe Alexis Bertrand, la lourde bâtisse s'est métamorphosée : la façade a été recouverte de panneaux d'inox poli constituant un véritable miroir où se reflètent les arbres du parc. Grâce à ces travaux, le château est devenu une véritable œuvre d'art. L'habitation n'est pas la seule à avoir profité de cette réhabilitation, car c'est tout le domaine qui a été réaménagé pour donner naissance à un endroit unique. À la fois espace naturel et centre culturel et artistique, le parc culturel de Rentilly propose aujourd'hui des visites et des manifestations entièrement gratuites et accessibles à tous. Pour profiter de cet endroit magique, venez pour la journée, apportez votre pique-nique et installez-vous tranquillement. Ensuite, à vous de faire votre programme.

Adresse 1 rue de l'Étang, 77600 Bussy-Saint-Martin, tél. 01 60 35 46 72, parcculturelrentilly@marneetgondoire.fr, www.marneetgondoire.fr | **Accès** A104, D934, D418 | **Horaires d'ouverture** Le parc : du 15 mars au 31 octobre tous les jours de 9 h à 20 h ; du 1er novembre au 14 mars de 9 h à 17 h 30. Le château : du 15 mars au 31 octobre, mercredi et samedi de 14 h à 18 h, dimanche de 12 h à 18 h ; du 1er novembre au 14 mars, mercredi et samedi de 13 h 30 à 17 h 30, dimanche de 11 h 30 à 17 h 30. L'orangerie et la salle des trophées : mercredi et samedi de 14 h 30 à 17 h 30, dimanche de 10 h 30 à 13 h et de 14 h 30 à 17 h 30 | **À savoir** Le domaine de Rentilly travaille étroitement avec la FRAC (Fonds régional d'art contemporain).

16 Le château

Une petite folie

Peu connu, le château de Champs-sur-Marne est pourtant un véritable petit bijou. On le doit, dans sa forme actuelle, à deux financiers qui, au début du XVIIIᵉ siècle, firent construire et aménager une maison de plaisance près de Paris afin de passer la belle saison à la campagne.

Au cours des décennies suivantes, le château vit propriétaires et locataires se succéder. Le premier d'entre eux, accusé de malversations financières, dut céder le château à l'État. Quelques mois plus tard, Louis XIV l'offrit à l'une de ses filles légitimées, la princesse de Conti. Au moment de la Révolution, c'est la marquise de Marbœuf qui en était propriétaire. Elle fut guillotinée pour avoir affamé le peuple en remplaçant sur ses terres le blé par la luzerne. Il fallut attendre la fin du XIXᵉ siècle pour qu'un autre financier le rachète et lui redonne tout son faste. Louis Cahen d'Anvers, richissime banquier, décida de réhabiliter cette demeure dans sa forme XVIIIᵉ. Il s'entoura pour cette mission d'un véritable conseil scientifique. Quelques entorses furent cependant faites au passé comme l'installation de l'eau courante et de l'électricité, ou la création de onze salles de bain. En 1935, devant la montée du nazisme, cette famille d'origine juive décida de céder le château à l'État français.

Grâce à leur générosité, vous pouvez aujourd'hui admirer tous les trésors que recèle cette superbe résidence – les cinéastes ne s'y sont d'ailleurs pas trompés, puisqu'ils ont utilisé le château pour de nombreux tournages prestigieux comme *Les Liaisons dangereuses* de Stephen Frears ou *Marie-Antoinette* de Sophia Coppola. Si vous désirez découvrir cette magnifique demeure et son parc de 85 hectares, c'est très facile, ils sont ouverts toute l'année. Ne manquez pas les visites guidées des jardins ou celles des sous-sols et des combles, qui vous permettront d'entrevoir ce qu'était la vie de la domesticité dans cette prestigieuse maison aux allures de Downton Abbey à la française.

Adresse 31 rue de Paris, 77420 Champs-sur-Marne, tél. 01 64 62 74 42, www.chateau-champs-sur-marne.fr | **Accès** Par l'A4, la D499 ou la D199 | **Horaires d'ouverture** Le château : de 10 h à 12 h 15 et du 13 h 30 à 18 h en haute saison ; de 10 h à 12 h 15 et de 13 h 30 à 17 h en basse saison. Le parc : de 10 h à 17 h 30 en basse saison ; de 10 h à 18 h en haute saison. Visites guidées sur réservation | **À savoir** Le parc est libre d'accès et gratuit, de quoi profiter de ce beau domaine en toute tranquillité.

17 __ L'agglomération gallo-romaine
Par la déesse Epona

À Châteaubleau, il est préférable de suivre le guide, car il faut avoir l'œil pour découvrir ce qui se niche derrière la végétation sauvage ou dans les champs de céréales. En effet, une agglomération gallo-romaine y est cachée, qu'il est difficile d'appréhender tout seul. Heureusement, les membres de l'association La Riobé sont là pour vous faire remonter le temps et vous présenter la vie des habitants entre le Ier et le Ve siècle de notre ère dans la Brie Nangissienne.

Le nom de la cité est inconnu, mais peut-être s'agit-il de l'agglomération de Riobe, qui apparaît sur une carte de l'époque romaine ? On sait, en revanche, qu'à l'époque gauloise, c'était une cité riche et florissante faisant la frontière entre le territoire des Sénons – capitale Sens – et celui des Meldes – capitale Meaux, et qui le resta pendant la période romaine. Desservie par la Via Agrippa, aujourd'hui la D209 qui passe dans le village, elle ne manquait de rien, en témoignent les temples, le théâtre ou les trois quartiers d'artisanat où les archéologues ont retrouvé statues, vaisselle et même fausse monnaie.

C'est au milieu du XIXe siècle que naquit l'intérêt pour ce site archéologique, lorsqu'un instituteur du village découvrit les ruines d'un prétendu château – c'étaient en fait celles d'un théâtre antique. Un premier plan de la cité fut alors dessiné. En 1953, le petit-fils de l'instituteur retrouva par hasard les documents de son grand-père et, enthousiasmé par ces découvertes, créa l'association La Riobé. Depuis 1961, des campagnes de fouilles ont été organisées chaque année, faisant du site de Châteaubleau le plus gros chantier de bénévoles d'Île-de-France. Pour vous plonger dans cette période, les membres de l'association vous invitent à déchiffrer l'écriture gauloise, vous expliquent le fonctionnement des sanctuaires, vous initient aux jeux de société de l'époque, vous font partager la cuisine romaine et bien d'autres choses étonnantes…

Adresse Association La Riobé, 77370 Châteaubleau, tél. 07 81 52 37 86, archeochateaubleau.wordpress.com, association-la-riobe@wanadoo.fr | **Accès** De Provins : D619, D209. Le site se trouve à côté de l'église | **Horaires d'ouverture** Toute l'année sur rendez-vous, pour les journées du patrimoine et les journées européennes de l'archéologie | **À savoir** Après une période d'intenses travaux de terrain (plus de 80 bénévoles chaque année sur site), une nouvelle étape va démarrer avec une phase d'étude et de publication qui va s'étaler sur une dizaine d'années.

18_ L'atelier de la peintre Alexandra Kraif

Portraits de ceux qu'on aime

Pour accéder à l'atelier d'Alexandra Kraif, rue du Bas-Larry, il faut passer une petite porte située sur le côté de la maison. Elle donne sur l'un des escaliers médiévaux fort pentus qui ponctuent la cité, et qui permettent de rejoindre les parties hautes et basses de la ville. Une fois entré, vous comprendrez l'inspiration de l'artiste : de sa maison, la vue est splendide. Elle embrasse à la fois le beau jardin qui descend jusqu'au Petit Fusain, la rivière qui serpente au pied de la cité, les lavoirs qui jalonnent le Sentier des Amoureux et les potagers clos de murs anciens.

Depuis trois ans, l'artiste profite de ce cadre exceptionnel pour travailler ses sujets de prédilection que sont le portrait, les natures mortes et la peinture animalière. Pour trouver ses modèles, nul besoin de parcourir le globe : elle s'inspire des éléments à proximité, que ce soient les massifs de fleurs, les voisins et leurs animaux, ou les oiseaux qui se posent quelques instants sur la terrasse. Pour croquer les petites bêtes, elle et son mari ont même élaboré une tactique infaillible : de bonnes graines et un appareil photo derrière une vitre prêt à se déclencher.

Cette spécialiste de la peinture acrylique a également pour principe de travailler sur des matériaux de récupération. Chez elle, rien ne se perd et tout peut être réutilisé ; même d'anciennes gouttières ou de vieilles tôles collectées dans les décharges deviennent des supports de choix. Bien sûr, peindre sur ce genre de supports n'est pas simple. Il lui a fallu un an d'expérimentation pour trouver la bonne formule, mais le résultat est bluffant ! Devant vous, les chiens, les lapins ou les ânes de Château-Landon prennent vie sur ces simples bouts de métal. Si vous aussi vous voulez immortaliser votre animal, à plumes ou à poils, Alexandra se chargera de lui tirer le portrait avec humour et tendresse, comme elle sait si bien le faire.

Adresse 10 rue de Bas-Larry, 77570 Château-Landon | **Accès** De Nemours D607, D43 | **Horaires d'ouverture** Sur rendez-vous au 06 85 10 53 04, facebook@kraif.alexandra, instagram@alexandrakraif | **À savoir** Le Cheval Blanc, qui fait aussi bar à tapas le week-end, est une adresse sympathique pour se restaurer.

19__Le Sentier des Amoureux
Plus blanc que blanc

Avec son église Notre-Dame, coiffée d'un clocher percé de baies géminées, et son abbaye royale Saint-Séverin aux allures de forteresse, la cité médiévale de Château-Landon, accrochée à son éperon rocheux, domine le paysage de toute sa majesté. Cependant ce ne sont pas ses édifices, témoin de la richesse et du pouvoir de la ville au Moyen Âge que je vous invite à découvrir, mais d'humbles constructions qui ont changé bien des vies. Je veux parler des lavoirs, dont une quinzaine sont rassemblés au pied des remparts, le long du Petit Fusain, sur ce qui a été baptisé le Sentier des Amoureux.

Jusqu'au XVIIIe siècle, les lavoirs n'existaient pas. Les femmes étaient obligées d'aller jusqu'à la rivière et, souvent, de payer des droits de passage pour y accéder. C'est la Révolution qui fit de l'eau un bien commun, et Napoléon Bonaparte imposa la construction de lavoirs communaux sur l'ensemble du territoire. Avant cette période, les ménagères partaient avec le linge déjà lavé, qu'elles transportaient dans des hottes en osier pour le rincer dans l'eau vive. Heureusement, les lessives n'étaient pas aussi fréquentes que maintenant, mais pour les plus importantes, appelées grandes buées et organisées deux fois l'an, le processus durait trois jours entiers. La première étape était appelée le purgatoire, la seconde l'enfer et la troisième le paradis, lorsque le linge était redevenu parfaitement blanc.

Qu'ils aient été publics ou privés, ces lavoirs donnèrent une vraie liberté aux femmes. En effet, les hommes y étaient interdits, elles pouvaient alors sortir de chez elles et avoir le temps de « cancaner » à loisir sans être surveillées. Cette histoire, Claude Jousse, propriétaire d'un des lavoirs, vous la raconte lors des journées du patrimoine. Il a également équipé son lavoir d'un QR code, qui permet aux promeneurs de découvrir la jolie histoire lors de leur balade le long de ce sentier plein de charme où fleurs, oiseaux et insectes se font la part belle.

Adresse 77570 Château-Landon | **Accès** Le sentier (GR13) se trouve au pied des remparts du château, pour y accéder, se garer au tennis au niveau du la rue de Dordives, ou prendre les escaliers qui partent de la ville haute et qui débouchent en bas sur les lavoirs | **Horaires d'ouverture** Accès libre sur le sentier. Pour les visites guidées, s'adresser à l'office du tourisme, tél. 01 64 29 38 08. Pour l'histoire des lavoirs, site internet de Claude Jousse 360chateau-landon.fr (son lavoir se trouve vers le milieu du sentier) | **À savoir** À visiter aussi : la zone humide des prés Patouillats dans le parc de la Tabarderie, situé à l'extrémité du parc.

20__L'ossuaire ou « grande tombe de Villeroy »

Le tombeau des poilus

Que vous soyez spécialiste ou non de la Grande Guerre, s'il y a un lieu de cette époque à ne pas manquer, c'est bien la nécropole nationale de Chauconin-Neufmontiers, dite « la grande tombe de Villeroy ». Perdu dans la campagne à quelques kilomètres au nord-ouest de Meaux, cet ossuaire est remarquable à plus d'un titre.

Il est lié à la première bataille de la Marne, cette contre-offensive organisée par le général Joffre en septembre 1914 qui a permis à l'armée française d'arrêter la progression des troupes allemandes – pensez à l'épisode des fameux taxis parisiens ou taxis de la Marne, grâce auxquels des renforts furent envoyés sur le front de l'Ourcq ! Le monument date de 1932. Il fut érigé sur l'emplacement même des sépultures des soldats morts pendant la bataille et réalisé selon les plans de l'architecte meldois Henri Faucheur, connu pour ses créations Art déco. La liste des noms en mosaïque de marbre, encadrée d'une frise décorative, a été composée par Louis Barillet, maître verrier spécialiste du décor monumental. Tous les deux ont aussi travaillé sur le projet de la chapelle du grand séminaire de Meaux (voir chap. 65). C'est dans ce tombeau que repose Charles Péguy, célèbre poète et écrivain français – vous trouverez son nom en haut à droite de la liste. Connu pour ses idées patriotiques, ce lieutenant de réserve fut abattu ici même d'une balle en plein front le 5 septembre 1914. Il fut le premier d'une longue série d'artistes à être victime de la « Der des Der ».

En cette fin d'été 1914, c'est sous une chaleur accablante que les poilus arrivèrent sur le champ de bataille avec leurs fameux pantalons rouge garance. En face d'eux les soldats allemands étaient déjà équipés pour les guerres modernes… En prenant le temps d'observer cette campagne qui a peu changé depuis cette époque, vous pourrez aisément visualiser le régiment de Péguy monter à l'assaut des lignes ennemies.

Adresse 77124 Chauconin-Neufmontiers | **Accès** Le long de la RD129 entre Chauconin-Neufmontiers et Villeroy | **À savoir** Un peu plus loin au carrefour de Villeroy, ne manquez pas le mémorial Charles Péguy (où vous trouverez les indications sur le déroulement de la bataille) ainsi que le musée qui lui est dédié (2 rue Charles-Péguy, 77410 Villeroy, visite sur rendez-vous au 01 60 61 03 97).

21__ Les ruines de l'abbaye royale

Des religieuses pas comme les autres

De l'abbaye royale de Chelles, il ne reste presque rien, si ce n'est quelques arcades et l'angle nord-ouest du cloître, que l'on nomme « chapelle du charcutier » – de la moitié du XIXe siècle jusqu'à la rénovation urbaine des années 1960-1970, ce sont des bouchers-charcutiers qui occupèrent cette partie du bâtiment, ce qui lui valut son surnom. En 1983, le projet de construire une nouvelle mairie autour de ces précieux vestiges, classés monuments historiques en 1980, vit le jour. Ces derniers furent intégrés au bâtiment dont la forme rappelait l'ancienne abbaye. Aujourd'hui, ils font partie d'un joli jardin médiéval auquel on peut accéder par l'intérieur de l'hôtel de ville ; il faut demander à l'accueil pour y pénétrer car l'endroit n'est pas en libre accès.

Une fois à l'intérieur du jardin, c'est au visiteur de faire preuve d'imagination pour entrevoir ce que fut l'histoire de cette abbaye fondée en 660 par Bathilde, reine de France, et de toutes les femmes qui en firent une institution de premier ordre. En effet, les abbesses qui s'y succédèrent étaient toutes des femmes de très haut lignage, dont certaines marquèrent l'histoire par leur intelligence et leur érudition. On retiendra notamment Gisèle, sœur de Charlemagne, qui transforma l'abbaye et y créa un scriptorium. Renée de Bourbon-Montpensier, venue de Fontevraud pour étendre la Réforme, y séjourna également, tout comme Louise Adélaïde d'Orléans, fille du Régent, ordonnée abbesse en 1719. L'abbaye attirait ainsi de nombreuses filles de la noblesse, trop peut-être aux yeux du pape, qui limita le nombre de religieuses à 80. Elles avaient pour vocation l'enseignement de leurs pensionnaires, elles aussi issues des grandes familles du royaume. Parmi elles, la duchesse de Mazarin ou la duchesse de Fontanges. Les religieuses et leurs élèves quittèrent l'abbaye en 1792 lorsque les ordres monastiques furent supprimés par les révolutionnaires.

Adresse Parc du souvenir Émile Fouchard, 77500 Chelles | **Accès** À partir de la Francilienne D934 | **Horaires d'ouverture** Lundi, mercredi, vendredi, de 9 h à 12 h 30 et de 14 h à 17 h 30, le jeudi de 14 h à 17 h 30. Renseignements en mairie, tél. 01 64 72 84 84 | **À savoir** Si vous voulez faire une petite halte gustative après la visite du jardin, je vous suggère le salon de thé Les Sœurs Gourmandes, qui se trouve à quelques minutes de la mairie.

22 Le jardin de sculptures de la Dhuys

Un monde fantastique

Situé sur les bords de Marne, le jardin de sculptures de la Dhuys rassemble une quarantaine de statues faites à partir des ruines de l'ancien aqueduc de la Dhuys. Il alimentait Paris en eau potable jusqu'en 1939, date à laquelle il fut détruit par le génie civil français afin de ralentir l'avancée de l'armée allemande. La guerre terminée, les blocs qui obstruaient la navigation sur la Marne furent évacués et déposés tels quels sur la berge.

En 1987, l'artiste Jacques Servières découvrit ces pierres qui n'attendaient que lui pour commencer une deuxième vie. Passionné de sculpture monumentale, cet enseignant qui travaillait chez lui – au grand dam de ses voisins – trouva ici son eldorado artistique. Pendant 30 ans, à ses moments de liberté, il investit les lieux pour créer d'étonnantes figures, devenant un véritable « manœuvre de l'art » selon sa propre expression. À travers ses créations, Jacques Servières souhaitait façonner un chemin pour que chacun puisse appréhender la sculpture. Sans dessin préalable, il laissait son imagination le guider avec l'idée de transformer la contrainte en acte positif. Au début du projet, ses figures fourmillaient de détails, de corps qui s'entrelaçaient, se répondaient, puis avec le temps et la maturité, il épura les formes, les simplifiant progressivement pour ne plus exprimer que l'essentiel.

Il y a quelques années, Jacques Servières a rangé ses outils de sculpteur pour s'adonner à une autre de ses passions : la peinture. Ses œuvres, elles, sont toujours là, pour le plus grand bonheur des promeneurs qui peuvent ainsi découvrir en toute liberté un monde onirique. On ne peut manquer les sculptures, bien visibles, autour de la passerelle Chessy-Dampmart qui enjambe la Marne, mais ne passez pas à côté de celles qui se trouvent le long de la rivière, cachées à l'abri du sous-bois.

Adresse Ancien chemin de Meaux, 77700 Chessy | **Accès** D934, rue de la Marne, ancien chemin de la Marne | **Horaires d'ouverture** Libre accès toute la semaine | **À savoir** C'est à Chessy que le personnage de Babar fut imaginé en 1930 par Cécile de Brunhoff et mis en album par son mari, l'illustrateur Jean de Brunhoff. Leur ancienne maison ainsi que la statue de Cornélius, conseiller particulier du roi Babar, au 48 rue Charles-de-Gaulle, méritent un petit détour.

23__Les étangs du Grand-Voyeux

Le paradis du gorgebleue

Située sur une boucle de la Marne, la réserve naturelle régionale du Grand-Voyeux a été créée sur le site d'anciennes sablières. Exploitées à partir des années 1920, celles-ci furent progressivement abandonnées pour ne laisser qu'un ensemble de cratères défigurant le paysage. C'était sans compter sur le pouvoir de résilience de la nature, qui, peu à peu, a repris ses droits. En effet, au fil du temps, les fosses se sont remplies d'eau, permettant à la végétation de revenir. Retrouvant les conditions pour s'y installer, la faune en a fait de même.

C'est ainsi qu'en 2004, un couple de gorgebleues à miroir est arrivé sur la zone. Depuis, ces petits passereaux, espèce classée Natura 2000, ont pu profiter du travail entrepris par l'agence des espaces verts d'Île-de-France, qui depuis 1999, aménage et protège ce territoire unique. Devenus emblèmes de la réserve, ils font aujourd'hui partie des 225 espèces d'oiseaux que le visiteur peut observer et dont certaines, comme le busard des roseaux, sont particulièrement rares. Il ne faut pas oublier les batraciens et les libellules qui participent également à la vie des étangs et qui sont observables à loisir la saison venue.

Pour permettre au promeneur de profiter de la biodiversité sans compromettre l'équilibre de cette zone humide ouverte, l'AEV a créé un sentier de découverte pédagogique. Il commence à la maison du Grand-Voyeux et vous entraîne à travers les étangs et leurs roselières, les bosquets et les prairies où des moutons servent de tondeuses naturelles. Il est ponctué de trois observatoires qui permettent d'être au plus près des oiseaux tout en respectant leur tranquillité, et forme une boucle d'environ une heure. Que vous profitiez des explications d'un guide ou que vous préfériez vivre seul ce « moment nature », il vous faudra cependant prendre rendez-vous, petite contrainte qui permet à ce formidable écosystème de prospérer en toute quiétude.

Adresse Maison du Grand-Voyeux, 77440 Congis-sur-Thérouanne, tél. 01 83 65 39 00, contact@maisondugrandvoyeux.fr, www.grandvoyeux.fr | **Accès** L'entrée publique se fait par la rue du Stade | **Horaires d'ouverture** Accueil du public toute l'année le mercredi et le samedi sur réservation de 9 h 30 à 17 h | **À savoir** La zone naturelle n'est pas un parc comme les autres et, malheureusement, nos amis canidés sont strictement interdits au sein de la réserve.

24__Le Gué à Tresmes

Bon appétit les amis !

Si vous aimez manger dans des endroits décalés, j'ai l'adresse qu'il vous faut. Le domaine du Gué à Tresmes à Congis-sur-Thérouanne est un lycée technologique et professionnel, ainsi qu'un centre de formation d'apprentis publics. Doté de quatre restaurants, il ouvre régulièrement ses portes et permet ainsi au public de découvrir les talents des élèves du pôle hôtellerie-restauration.

L'histoire de cet établissement débuta en 1946. L'État racheta le domaine à sa dernière propriétaire, madame Sergent, et le transforma un an plus tard en école de Staff où les élèves réalisaient des décorations de plâtre pour les belles demeures bourgeoises. Progressivement, d'autres filières s'y greffèrent. C'est Alexis Tingaud, fondateur de l'Auberge de Condé à la Ferté-sous-Jouarre, longtemps l'un des meilleurs restaurants de la région avec deux étoiles au Michelin, qui fit entrer l'hôtellerie-restauration dans le panel de formations du Gué à Tresmes.

Depuis, la section a fait ses preuves et elle accueille aujourd'hui sa clientèle dans quatre salles différentes, deux situées dans le château, les Quatre Saisons et le Clémentine, deux dans les nouveaux bâtiments, la Serre et le O'Tingo, dont le nom est un petit clin d'œil à l'instigateur de la section. Véritables outils pédagogiques, ils permettent, en cuisine, de préparer toute une gamme de plats allant du hamburger aux menus les plus élaborés et, en salle, de mettre en valeur ces créations dans les règles de l'art.

Côté visiteur, c'est l'occasion de soutenir des jeunes dans leur parcours professionnel tout en passant un bon moment. Les repas sont servis à partir de 12 h 30 pour le service du midi, et de 19 h pour le service du soir. Il n'y a plus qu'à réserver selon vos goûts et votre budget, même si les prix restent très raisonnables. Alors si le cœur vous en dit, venez déguster une épaule d'agneau confite et ses pommes de terre au Saint-Nectaire ou un râble de lapin au jus corsé à la sauge et son croquet de châtaignes…

Adresse Rue du Gué, 77440 Congis-sur-Thérouanne, tél. 01 64 35 52 56, ce.0771658j@ac-creteil.fr | **Accès** De Meaux : D2405A, D405 | **Horaires d'ouverture** Restaurants d'application ouverts de 12 h 30 à 14 h 30 et de 19 h à 21 h 30 (réservations au 01 64 35 54 07 de 12 h 15 à 17 h, secretariat_chateau@yahoo.fr ou sur le site gueatresmes.fr) | **À savoir** L'établissement développe de nombreux projets liés à l'environnement, alors lorsque vous ferez votre petite balade digestive au sein du domaine, allez voir la station végétale pour le retraitement de l'eau. Vous croiserez certainement des moutons, qui font office de tondeuses.

25___L'usine élévatoire

Une usine qui turbine

L'usine élévatoire de Villers-lès-Rigault servit pendant plus d'un siècle à pomper l'eau de la Marne pour alimenter le canal de l'Ourcq au moment des basses eaux. À la fin du XIXᵉ siècle, le canal était primordial pour Paris. Il permettait d'acheminer les denrées de première nécessité, telles que le bois et le blé, jusque dans la capitale et de fournir les Parisiens en eau. Dans les années 1860, la région connut une période de grande sécheresse et le niveau du canal descendit dangereusement. Pour répondre au risque de pénurie, Napoléon III décréta, en 1866, que l'eau de la Marne servirait à alimenter le canal, et l'ingénieur Louis-Dominique Girard fut chargé du projet.

Premier ingénieur civil en France, cet autodidacte, inventeur de la turbine, mit son génie au service de l'usine élévatoire, réalisant un petit chef-d'œuvre de technologie qui fut achevé en 1869. Elle devint propriété de la ville de Paris à partir de 1876 et fonctionna jusqu'à Noël 1995. L'ingénieur, quant à lui, perdit la vie en 1871 au cours de la Commune de Paris, période insurrectionnelle que connut la capitale. Il fut abattu alors qu'il remontait la Seine en bateau pour rentrer chez lui. Par qui fut-il tué ? Nul ne le sait, les combats le long du fleuve entre les soldats allemands et français et les insurgés parisiens étant trop violents.

Avec celle de Trilbardou, l'usine élévatoire de Villers-lès-Rigault eut également un impact sur la région Meldoise puisqu'elle permit à de grosses industries de s'installer, comme les conserveries de Meaux ou la sucrerie de Villenoy. Même si elle n'est plus utilisée aujourd'hui, l'usine reste en parfait état de marche grâce aux agents de la ville de Paris, qui s'occupent de la partie technique, mais également des extérieurs qui sont tout aussi intéressants à voir. Les visites, quant à elles, sont assurées par l'association Au fil de l'Ourcq, qui s'occupe de faire visiter les lieux et de vous faire profiter d'un patrimoine technique de premier ordre.

Adresse Rue du Grand-Voyeux, 77440 Congis-sur-Thérouanne, tél. 06 88 60 66 19, visites@aufildelourcq.org, aufildelourcq.org | **Accès** De Meaux D603, D33, D17, D121E | **Horaires d'ouverture** Visites sur rendez-vous auprès de l'association AFLO, tél. 06 88 60 66 19 ou sur le site visites@aufildelourcq.org et pendant les journées du patrimoine | **À savoir** Au bord du canal, au-dessus de l'usine élévatoire, un écuroduc (corridor biologique) a été installé pour permettre aux écureuils de traverser le canal.

26___La maison de retraite des artistes

Pas de retraite pour monsieur Coquelin

La maison de retraite de Couilly-Pont-aux-Dames est l'œuvre d'un artiste aujourd'hui oublié, Benoît Constant Coquelin, qui fut à son époque une véritable star. Acteur à la Comédie-Française, ami intime de la grande Sarah Bernhardt, c'est pour lui qu'Edmond Rostand créa son célèbre *Cyrano de Bergerac*.

Arrivé au sommet de sa carrière, Benoît Constant Coquelin avait conscience que la vie des comédiens, spécialement ceux qui ne pouvaient plus jouer, n'était pas un conte de fées et qu'ils étaient nombreux à finir dans la misère. C'est pour cette raison qu'à partir de 1902, devenu président de la mutuelle nationale des artistes, il initia le projet d'une maison de retraite mixte – idée révolutionnaire pour l'époque puisqu'au début du XXe siècle, les comédiennes n'avaient droit à aucune pension de retraite et il n'existait aucun établissement pour les accueillir, contrairement à leurs collègues masculins.

C'est par l'entremise d'un ami que Coquelin découvrit le parc de l'ancienne abbaye royale de Couilly-Pont-aux-Dames. Pour financer le projet, le comédien fit un appel aux dons et organisa une grande tombola, bouclant finalement son budget grâce aux 100 000 francs offerts par la famille de Rothschild. Avec le concours de l'architecte René Binet, il créa un lieu moderne et vivant. Dans sa conception d'abord, car le bâtiment en meulière rehaussé de mosaïques était exposé plein sud afin de capter lumière et chaleur. Ensuite dans son fonctionnement. Souhaitant que ses retraités restent actifs et autonomes, Benoît Constant Coquelin fit construire sur place deux théâtres, gérés par les pensionnaires eux-mêmes et qui constituaient une source de revenus non négligeable. Ce philanthrope à l'imagination débordante n'eut de cesse d'inventer de nouveaux moyens de pérenniser sa « maison des artistes », où il mourut et fut enterré en 1909.

Adresse 30 avenue Constant-Coquelin, 77860 Couilly-Pont-aux-Dames, tél. 01 60 04 00 02 | **Accès** À partir de Meaux, D603, D360, D436, traverser le village direction Crécy-la-Chapelle D934 | **Horaires d'ouverture** Visite pendant les journées du patrimoine | **À savoir** Jusqu'à la fin, Coquelin a su utiliser ses relations pour financer ses projets. Riches familles, politiciens, grands magasins et, bien sûr, amis comédiens prirent l'habitude de lui laisser des objets personnels, créant ainsi une inestimable collection de souvenirs de théâtre exposés au sein de la maison de retraite et visibles lors des journées du patrimoine.

27 — La bibliothèque municipale

Ma bibliothèque est une prison

À première vue, ce monolithe de pierre meulière long de 28 mètres protégé par une enceinte n'a rien d'engageant. Pourtant, passé l'entrée, cette ancienne prison devenue bibliothèque se présente comme une vraie cathédrale pour les amoureux des livres. Les architectes Pierre Gory et Béatrice Jullien ont réalisé ici un travail sans faute en créant un lieu chaleureux tout en préservant l'essence même du bâtiment d'origine. Bien sûr, d'importants travaux ont été nécessaires : il a fallu consolider l'édifice, créer une dalle entre le premier et le deuxième étage et remplacer le plancher des coursives. Réhabilitée avec beaucoup de finesse, cette bibliothèque est devenue l'expression d'un parfait équilibre entre histoire et modernité.

Il est en effet question de modernité dès la construction de la prison puisqu'elle remplaça, dans les années 1850, l'ancien prieuré où les prisonniers étaient détenus dans des conditions effroyables. Conçu selon les plans de l'architecte Ernest Mangeon, le bâtiment rectangulaire est typique des prisons du XIXᵉ siècle. Côté Nord, il s'orne de deux absides latérales qui lui confèrent un caractère presque religieux. Il faut dire que l'institution avait pour vocation principale de remettre les hommes « dans le droit chemin ». Basée sur l'encellulement individuel, la prison comportait 33 cellules et était réservée exclusivement aux petits délinquants.

Cependant, après 100 ans de bons et loyaux services, la prison ne répondait plus aux exigences de l'époque et en 1958, l'administration pénitentiaire ferma l'établissement. Rachetée en 1960 par la municipalité, il fallut attendre les années 2000 pour que le projet de bibliothèque voie le jour. Sous les mains expertes des architectes, l'ancienne prison s'est alors métamorphosée. Les cellules se sont transformées en section de lecture ou en coin informatique, et, dans les coursives, les pas des lecteurs ont définitivement remplacé ceux des prisonniers et de leurs gardiens.

Adresse Avenue Georges-Pompidou, 77120 Coulommiers, tél. 01 64 75 38 80, www.coulommiers.fr, bibliotheque@coulommicrs.fr | **Accès** À partir de la mairie, rue du Général-de-Gaulle puis impasse Venet-Rotival | **Horaires d'ouverture** Ouvert du mardi au samedi de 10 h à 12 h et de 14 h à 18 h 30 sauf le jeudi (réservé aux groupes), dimanche de 10 h à 12 h 30 | **À savoir** Dans la bibliothèque, il est possible de voir une cellule témoin à l'étage jeunesse et au second étage, des affiches retracent l'histoire des lieux autour de l'espace lecture.

28 La grotte aux coquillages

Pieuses méditations

Au cœur du parc des Capucins, à Coulommiers, se cache une perle unique en France : la grotte aux coquillages. Dédiée à saint François d'Assise, cette grotte de rocaille commandée par Catherine de Gonzague, duchesse de Longueville, a été réalisée entre 1623 et 1624 dans l'église conventuelle Notre-Dame-des-Anges. Cette chapelle funéraire de style baroque, initialement prévue pour accueillir la sépulture de la duchesse, ne reçut jamais sa dépouille, puisqu'elle mourut à Paris et y a été enterrée. Il est cependant certain que « la dame de Coulommiers » et les femmes de sa famille l'utilisèrent comme lieu de prière et de recueillement. Parmi elles se trouvait la célèbre princesse de Clèves, rendue célèbre par le roman de Madame de La Fayette.

Bien que la grotte ait souffert d'importantes dégradations, en particulier pendant la Révolution française et la guerre de 1870, au cours desquelles les splendides coquillages ont été arrachés et les statues décapitées, elle reste cependant d'une rare beauté et étonne à plus d'un titre. Ce qui frappe en premier lieu, c'est le contraste saisissant entre cet espace polychrome, richement décoré de bas-reliefs et de peintures, et l'austérité du reste de l'église, lieu de vie et de prière des moines capucins.

C'est ensuite la structure intérieure qui impressionne. Composée de sept niches représentant la vie de saint François d'Assise et l'histoire de la cité de Coulommiers, elle apparaît comme une véritable boîte à bijoux. Bien qu'il ne reste plus que la trace des coquillages et concrétions nacrés, on peut imaginer l'atmosphère qu'il devait se dégager de l'endroit, surtout à la flamme des bougies. Je ne suis pas la seule à avoir été émerveillée par ce lieu. Déjà inscrit aux monuments historiques depuis 1930, il a été sélectionné dans le cadre de la mission Stéphane Bern, ce qui va permettre sa restauration et la poursuite des recherches sur son histoire.

Adresse Musée municipal, parc des Capucins, 77120 Coulommiers, tél. 01 64 65 11 31, musee@coulommiers.fr, www.coulommiers.fr | **Accès** À partir de la mairie, rue du Général-de-Gaulle, place Abel-Leblanc, jardin des Capucins | **Horaires d'ouverture** Mercredi, samedi et dimanche de 14 h à 18 h | **À savoir** Si l'église a résisté au temps, le château, lui, n'existe plus. Édifié avec une pierre inadaptée à cet environnement marécageux, il a été démantelé et les pierres vendues pour la construction après seulement 123 ans d'existence. Il n'en reste aujourd'hui que quelques vestiges dispersés dans le parc.

29 La tombe de Louis Braille
De l'or dans les mains

C'est dans le vieux cimetière de Coupvray, en haut du village, que vous trouverez une sépulture qui doit absolument éveiller votre intérêt. Située juste derrière celles des poilus de la Grande Guerre, elle n'a de prime abord rien de remarquable. C'est une modeste tombe que rien ne différencie des autres. Et pourtant : elle est vide ! Du défunt, il ne reste que les mains, placées dans une urne. Cela peut sembler bizarre – voire macabre –, mais c'est au contraire un important signe de reconnaissance, l'épilogue d'un destin hors du commun ; celui d'un gamin aveugle prénommé Louis Braille, qui a révolutionné la vie de tous les malvoyants.

L'histoire commence en 1812 lorsque l'enfant se blesse à l'œil avec l'un des outils de son père bourrelier. L'infection se propage et, peu après, il perd définitivement la vue. Quel aurait été le destin de cet enfant sans cet événement ? Nul ne le sait, mais grâce à ce coup du sort, ce surdoué inventa le système d'écriture tactile à six points saillants, qui changea la vie de millions de personnes. Ses capacités extraordinaires lui permirent, à 10 ans, d'intégrer l'Institution royale des jeunes aveugles. Entre 12 et 16 ans, il mit au point son système, à 17, il fut autorisé à enseigner, et à 19 ans, il appliqua son invention à la musique. Professeur, musicien, inventeur, il travailla à ce rythme jusqu'à sa mort prématurée, à l'âge de 43 ans. Son invention, quant à elle, mit un peu de temps à s'imposer puisque c'est seulement en 1880 que Louis Braille devint célèbre.

En 1952, pour les 100 ans de sa mort, sa dépouille est transférée au Panthéon. Dorénavant, il fera partie des immortels ! La commune de Coupvray put cependant récupérer ses mains afin de rendre hommage à l'enfant du village. Pour en découvrir plus sur ce personnage incroyable, il faut rejoindre le bas de la commune jusqu'à sa maison natale. Vous y serez conduits avec humour et bonne humeur par Stéphane Mary, guide conférencier.

30__Le silo-brasserie
Du solide au liquide

En 1996, Hugues et Geneviève Rabourdin, agriculteurs céréaliers à Courpalay, décidèrent de diversifier leur activité : puisqu'ils produisaient déjà de l'orge, l'idée de fabriquer de la bière s'imposa naturellement, Geneviève étant d'ailleurs originaire du Nord. Après quelques travaux dans la ferme, ils commencèrent la production et gagnèrent, dès 2003, une médaille d'or au concours général de l'agriculture pour leur bière de Brie ambrée. Pas mal pour un premier essai ! Ils élargirent ensuite leur gamme en créant la bière de Brie blonde et la bière de Brie blanche.

Avec le temps, leur ferme est devenue trop petite ; c'est pourquoi ils ont acheté en 2009 l'extraordinaire silo à grain du village qui était, à cette époque, complètement à l'abandon. Construit en 1937 par l'architecte Roger Gilbert dans le pur style Art déco, il fut l'un des premiers silos à être classé monument historique en 1998. En 2014, après deux ans de travaux, la nouvelle brasserie était prête à fonctionner. C'est dans ce très bel édifice, dont l'intérieur a été soigneusement aménagé, que la brasserie accueille aujourd'hui ses clients. On y retrouve évidemment la fameuse bière de Brie, mais également une gamme de bières d'apéritif lancée en 2016. Moins fortes en alcool, elles sont idéales autour d'un barbecue entre amis. Et il ne faut pas oublier la bière de Noël, fabriquée exclusivement de novembre à février, ou la briarde blonde bio, lancée en 2020.

Les bières Rabourdin sont commercialisées en Seine-et-Marne et à Paris. On les retrouve chez les cavistes, dans les hôtels, cafés, restaurants et dans certaines fermes de la région. Si vous pouvez les acheter en supermarché, il serait dommage de ne pas vous rendre à Courpalay, où des visites sont organisées deux fois par an pour les particuliers et sur rendez-vous pour les groupes. Cela vous permettra d'en apprendre plus sur cette production ancestrale et de déguster des bières issues de notre terroir dans un environnement exceptionnel.

Adresse 22 rue Lafayette, 77540 Courpalay, tél. 01 64 25 76 05, commercial@brasserierabourdin.com, www.brasserierabourdin.com | **Accès** D201, rue Lafayette | **Horaires d'ouverture** Du mardi au samedi de 10 h à 19 h, visites en groupe possibles à partir de 15 personnes. Visites gratuites pour les particuliers en mai et pendant la semaine du goût, en automne (réservations par téléphone) | **À savoir** À côté de l'église se trouve une piscine d'été agrémentée de très belles statues que l'on peut admirer de la rue.

31 La librairie-café
Au plaisir de lire

C'est sur la place du Marché, dans un quartier datant du XIIIᵉ siècle, que s'est ouvert en 2012 un endroit rare : une librairie-café. C'est d'ailleurs la seule en Seine-et-Marne ! Vous y êtes accueillis par trois superwomen, Céline et ses deux collègues, Alexandra, la plus ancienne et Chloé, qui a rejoint le petit groupe en 2020. Cette fine équipe va vous en faire voir de toutes les couleurs ! Le ton est donné avec le bleu turquoise de la devanture qui met en valeur les vitrines que concoctent avec goût ces drôles de dames. À l'intérieur, la petite librairie tout en long, avec son plafond de bois ancien, ressemble à une caverne d'Ali Baba : pas de grands espaces bien structurés comme dans certaines grandes chaînes. Au contraire, on a fait avec les contraintes du lieu, alors ça dépasse, ça déborde, c'est coloré et c'est ce qu'on aime.

Derrière ce premier espace, vous accédez au salon de thé qui donne directement sur un des bras du Morin, dont vous pouvez profiter grâce à une grande verrière aux couleurs de la maison. C'est dans cette atmosphère chaleureuse que les jeunes femmes ont développé une dizaine d'animations qui permettent à la librairie d'attirer et de fidéliser sa clientèle. Sont ainsi organisés un atelier d'écriture, conduit par une autrice de la région, ainsi que des clubs de lecture : pour les adultes, c'est Céline qui est à la manœuvre, et les adolescents sont guidés par Alexandra, experte en littérature jeunesse. Les petits ne sont pas en reste avec la « bébé lecture » du samedi matin.

Elles ont aussi gardé le club tricot, créé par l'ancienne propriétaire, moins littéraire, mais particulièrement joyeux. Autour d'un thé ou d'un café, on parle maille endroit, maille envers, mais pas seulement. Là, les générations se mêlent tels des fils de laine pour un moment de douceur et de partage. Si cela vous donne envie, courez-y, la librairie vous attend du mardi au dimanche dans la joie et la bonne humeur !

Adresse 4 place du Marché, 77580 Crécy-la-Chapelle, tél. 01 60 04 15 74, lalibrairiecafe@gmail.com, www.facebook.com/lalibrairiecafe/ | **Accès** À partir de Meaux D603, D360 | **Horaires d'ouverture** Du mardi au dimanche de 10 h à 13 h et de 14 h 30 à 19 h | **À savoir** Sous la maison se trouve un lavoir. Il en existe une multitude comme celui-là, que vous pouvez découvrir tout au long des canaux de la « Venise Briarde ».

32___Le Moulin Jaune
Voyage vers l'enfance

Son lieu rêvé, Slava Polunin l'a cherché aux quatre coins du globe pour finalement le trouver en Seine-et-Marne, sous la forme d'un moulin. En effet, idéalement situé le long de la rivière du Grand Morin, le moulin Nicole, avec sa forme de petit château, répondait à toutes ses exigences, bien qu'abîmé par la tempête de 1999.

Le clown russe – car c'est son métier – s'est installé à Crécy-la-Chapelle en 2001, avec pour objectif de concevoir un véritable laboratoire de création. Après quelques aménagements, le moulin est devenu cette grande maison bigarrée. Aujourd'hui, elle lui permet de recevoir les artistes qui souhaitent travailler au calme et partager leurs expériences. S'y mêlent cuisiniers, architectes, comédiens et tous ceux qui réfléchissent, élaborent, conçoivent dans n'importe quel domaine et qui veulent participer à ce projet de communauté créative.

Mais Slava Polunin avait un autre dessein pour son lieu rêvé, celui de créer un « jardin des merveilles », qu'il a conçu comme un chemin de vie remontant vers l'enfance. Il est composé d'une multitude d'espaces scénarisés, imaginés par couleur – rose pour le féminin, blanc pour la légèreté ou violet pour la boisson – où se mêlent nature et objets venus du monde entier. La rivière du Grand Morin participe elle aussi à cette jolie mise en scène et à l'arrivée des beaux jours, sont installés coussins, matelas et hamacs, afin que chacun puisse profiter en toute quiétude de cet environnement idyllique.

Le public est invité dans cet univers de fête une dizaine de fois par an pour participer à des aventures un peu folles. À chaque fois le thème est différent, et toujours inattendu. Cela peut aller de « l'art du pique-nique » à « comment apprendre à voler à un pigeon ». Les enfants n'auront aucun mal à se glisser dans ce monde onirique, pour les adultes une bonne dose d'humour et de lâcher-prise sera nécessaire pour se transformer en Alice au pays des merveilles ou en magicien d'Oz le temps d'une journée.

Adresse 1 sente du Moulin-Nicole, 77580 Crécy-la-Chapelle, tél. 01 64 63 70 19, www.moulinjaune.com | **Accès** À partir de Meaux, D360, D934, rue des Abbesses | **Horaires d'ouverture** Informations et vente de billets auprès de la Maison du tourisme du pays créçois au 01 64 63 70 19 ou inscription sur le site internet du Moulin Jaune | **À savoir** À chaque visite, un thème est proposé avec un dress code associé. Attention, il faudra peut-être fouiller au fond de vos placards pour trouver la bonne couleur !

33__La maison maternelle
La maison des secrets

Peu d'informations circulent au sujet de la maison maternelle de Cré-gy-lès-Meaux, institution très particulière qui a fonctionné pendant plusieurs décennies dans le village. Mais c'est en toquant à quelques portes que j'ai fini par découvrir l'histoire de ce lieu dont personne ne parle et qui cache encore de nombreux secrets.

Tout commença en 1925, lorsque le conseil général de Seine-et-Marne ordonna la création d'une structure d'accueil pour les femmes privées de ressources ayant besoin de repos ou de soins spé-cifiques après leur accouchement. Pour ce faire, une ancienne tuile-rie fut réaménagée. Elle pouvait accueillir une vingtaine de femmes dans de très bonnes conditions. En effet, bien qu'étant logées dans des chambres communes, les patientes disposaient d'une salle de change et d'une biberonnerie pour s'occuper de leurs nourrissons, d'un réfectoire ainsi que d'une salle d'activité. Elles avaient égale-ment l'eau chaude et le chauffage central – un véritable luxe pour l'époque. Dès 1930, cette maison de repos se transforma en « mater-nité secrète » pour les mères célibataires ou les jeunes filles qui se retrouvaient enceintes. Seul établissement de ce genre dans le département, la maison maternelle permettait à ces futures mères, généralement rejetées par la société, de trouver une issue à leur situa-tion. « Il faut que ces femmes puissent venir accoucher sans devoir rendre des comptes, leur passé n'appartient qu'à elles », telle était la devise du lieu.

Les parturientes arrivaient peu avant l'accouchement pour mettre au monde leur bébé au sein de l'établissement, et restaient le temps de s'organiser pour leur nouvelle vie. Ce « tombeau des secrets » a fonc-tionné ainsi jusqu'au 14 janvier 1964, date de sa fermeture. Depuis, le bâtiment principal a été détruit pour faire place au centre de loisirs Louis Pergaud. L'ancienne maison des gardiens est cependant tou-jours visible en haut de la rue Henri-Magisson.

Adresse Ancienne maison des gardiens, 69 avenue Henri-Magisson, 77124 Crégy-lès-Meaux | **Accès** Le Parc, chemin de Meaux à une centaine de mètres du carrefour sur la gauche | **À savoir** Si les informations sur la maison maternelle sont rares, il existe aux archives de la mairie le « livre des nounous », dans lequel ont été consignés les noms des nourrices et des enfants accueillis dans l'établissement. Un émouvant témoignage de la vie au sein ces maisons très spéciales.

34__Le donjon du Houssoy
Un coffre-fort XXL

Contrairement à bien des châteaux forts, celui de Crouy-sur-Ourcq se trouve au fond d'une vallée. Depuis Meaux, en passant par la plaine, la route descend soudain à pic vers la petite ville, empruntant un trajet en lacet tel qu'on peut en trouver en montagne. Le paysage aussi se métamorphose ; il se vallonne et une myriade de bois et de champs ponctuent alors la campagne, la transformant radicalement.

C'est donc au creux de cette vallée verdoyante que dans les premières années de la guerre de Cent Ans, Jean III de Sépoix entreprit la construction d'un château fort. Cet édifice permettait principalement de répondre aux attaques de bandes armées qui sévissaient dans les campagnes. En effet, les mercenaires employés à guerroyer pour le roi se payaient en nature ; regroupés en compagnies indépendantes, ils ne vivaient que de pillages et écumaient le territoire. Pour mettre à l'abri sa famille et ses richesses, le seigneur de Crouy fortifia l'ensemble de la construction, composée du logis seigneurial, du donjon et de la ferme dont les éléments défensifs, tels que des mâchicoulis, sont toujours visibles.

En 1652, ces fortifications ne résistèrent pourtant pas à l'assaut des troupes espagnoles du duc Charles de Lorraine. Elles rejoignaient le Grand Condé qui menait la fronde contre Louis XIV encore mineur et sa mère, la régente Anne d'Autriche. Avertis que le seigneur de Crouy restait fidèle au roi, ils incendièrent le château, détruisant entièrement le logis, ainsi qu'une partie du donjon. De cet angle, jamais reconstruit, on peut encore voir les maçonneries des trois cheminées monumentales, suspendues depuis près de 400 ans sur la façade. Dans le reste du bâtiment, toujours là malgré les siècles, on découvre, à travers les sept étages, l'organisation et la vie du donjon, ainsi que son évolution au cours des différentes époques, de quoi ravir tous les passionnés d'histoire et d'architecture. La commune organise également des chantiers de restauration pendant l'été à destination des jeunes.

Adresse 2 rue du Houssoy, 77840 Crouy-sur-Ourcq | **Accès** De Meaux D603, D2405A, D405 | **Horaires d'ouverture** Pendant les journées du patrimoine ou visites sur rendez-vous en mairie, tél. 01 64 35 61 38 | **À savoir** Pour un moment comme au Moyen Âge, vous pouvez séjourner au gîte du Houssoy, dans la ferme fortifiée qui jouxte le donjon.

35 La butte et son église perchée

Comme un phare sur la plaine

Si vous vous trouvez à proximité de Coulommiers, n'hésitez surtout pas à vous rendre à Doue, un petit bourg de quelque 1 000 âmes tout à fait étonnant puisqu'il est adossé à une butte que les scientifiques nomment « butte-témoin », reste d'un massif plus grand qui s'est érodé avec le temps. Cette particularité géologique est d'ailleurs liée à une légende : Gargantua en serait à l'origine. Le géant, désirant changer le cours du Morin, aurait rempli sa hotte de sable. Arrivé à Doue, il aurait trébuché faisant basculer la hotte qui, en se déversant dans la plaine, aurait formé le monticule. Deuxième point culminant de Seine-et-Marne après Verdelot, la butte de Doue apparaît comme une île dans l'océan des champs. Mais ce n'est pas tout car, à Doue, l'église, que l'on attendrait au centre du village, a été édifiée au sommet de la butte, excentrée, à une quarantaine de mètres au-dessus des habitations. Cette « église perchée » fut édifiée entre le XIIIe et le XVe siècle et pourrait avoir remplacé un oratoire dédié à saint Martin. Cet ambitieux projet fut en partie financé par les chevaliers du temple, dont une des commanderies se trouvait à Coulommiers, par le seigneur de Doue et par les paroissiens. Elle vit passer entre ses murs des personnages historiques de premier plan tels que Jeanne d'Arc à son retour de Reims, ou Louis XVI qui, apparemment très impressionné, offrit les superbes boiseries du chœur, toujours visibles aujourd'hui.

La lanterne de la Brie – comme on la nomme aussi – réserve bien des surprises et la butte, a priori isolée, est loin d'être un lieu solitaire. L'endroit est en effet très apprécié : les cyclistes y trouvent une jolie grimpette à entreprendre, les motards s'y arrêtent à l'ombre des tilleuls, et les jeunes du village s'y retrouvent pour discuter. Sans oublier les amateurs d'histoire, accueillis chaleureusement par l'Association pour la sauvegarde de l'église de Doue.

Adresse 77510 Doue | **Accès** De Coulommiers D222, D37 | **Horaires d'ouverture** Visites commentées disponibles de Pâques à la Toussaint le dimanche de 14 h 30 à 18 h par l'Association pour la sauvegarde de l'église de Doue (tél. 06 73 37 28 37 ou 01 64 20 96 56) | **À savoir** Possibilité de visite du jardin La Parmélie, jardin d'invention qui se situe au pied de la butte (tél. 06 30 53 34 97, jardin.la.parmelie@gmail.com).

36 Le musée-jardin Bourdelle
Pour l'amour d'un père

Le musée-jardin Bourdelle se cache en pleine campagne, au sud de Nemours. Pour s'y rendre, il faut emprunter de toutes petites routes qui vous amènent en douceur vers ce lieu inattendu. L'endroit est un jardin Art déco où sont exposés 58 bronzes monumentaux retraçant l'œuvre du sculpteur français Antoine Bourdelle, de 1861 jusqu'à sa mort en 1929.

L'artiste travailla pendant 15 ans dans l'atelier d'Auguste Rodin, période pendant laquelle il développa son propre style, plus moderne et plus dépouillé que celui du maître. Désireux de communiquer son art, il devint également un professeur reconnu. À l'académie de la Grande Chaumière, école internationale et mixte où il travailla pendant 20 ans, il s'illustra par sa pédagogie anticonformiste, un de ses principes étant « le seul système, c'est de n'en pas avoir ». Alberto Giacometti ou encore Germaine Richier comptèrent parmi ses plus célèbres élèves.

Dans la vie d'Antoine Bourdelle, il y avait aussi sa fille chérie Rhodia, qui, après la mort du sculpteur, se donna pour mission de faire perdurer l'œuvre de son père. Après avoir créé avec sa mère un premier musée dans l'ancien atelier de l'artiste, elle conçut, à partir des années 1960, avec l'aide de son mari Michel Dufet, un contrepoint en plein air du musée parisien, afin de donner aux œuvres d'Antoine Bourdelle un espace à leur mesure.

C'est donc Michel Dufet, architecte d'intérieur et grand amateur du travail du sculpteur, qui dessina ce magnifique jardin Art déco, réalisant le parc comme un vitrail où les buis définissent des espaces rehaussés de végétaux colorés. Les statues les plus importantes déterminent les axes principaux, quand une seconde série de sculptures, dissimulée derrière de fins rideaux de végétation, propose une seconde lecture. À travers les trois jardins qui composent cet écrin de verdure, vous découvrirez toute l'étendue du travail des membres de cette étonnante famille.

Adresse 1 rue Dufet-Bourdelle, hameau du Coudray, 77620 Egreville, tél. 01 64 78 50 90, www.musee-jardin-bourdelle.fr, musee.bourdelle@departement77.fr | **Accès** De Nemours D225, D58 | **Horaires d'ouverture** D'avril à octobre, du mercredi au dimanche de 10 h 30 à 13 h et de 14 h à 18 h | **À savoir** À voir aussi dans le village d'Egreville : la halle, un très beau bâtiment datant du XVe siècle.

37__La forêt de Malvoisine

Il s'en passe des choses dans les bois…

La forêt domaniale de Malvoisine se trouve sur le plateau Briard, au bord de la vallée de l'Aubetin. La moitié de sa surface se situe sur la commune de Faremoutiers, l'autre moitié se partageant principalement entre Hautefeuille, Pézarches, Touquin et La Celle-sur-Morin. Si elle n'a pas la renommée de celle de Brocéliande, elle constitua pourtant le décor du célèbre *Roman de Renart*.

Ce recueil, écrit entre le XIIe et le XIIIe siècle et composé de 80 000 vers, est une critique des mœurs des puissants de l'époque. Le héros de ces aventures est un goupil nommé Renart, seigneur de Maupertuis. Intelligent et rusé, il a pour comparse et victime préférée Ysengrin le loup, animal fort, mais intellectuellement limité. Bien avant La Fontaine, les auteurs construisirent leurs récits à partir du réel. Ainsi, c'est le destin tragique du maître Abélard – qui séduisit son élève Héloïse et qui fut émasculé pour son crime – qui inspira l'épisode de « La pêche aux anguilles ». Dans le roman, Ysengrin y perd une partie de son anatomie comme l'attestent ces vers « *Mès d'autre part le cop s'areste, Vers la qeue descent l'espée, Tot rés à rés li a coupée* » (le coup glisse et le glaive descend sur la queue qu'elle emporte tout entière.)

Cependant, ce n'est pas la seule histoire que cette forêt inspira. En y pénétrant par le hameau des Bordes, à 2 kilomètres environ de la maison forestière, on y trouve une petite construction appelée la cabane du Prussien. La légende raconte que lorsque les Prussiens arrivèrent en Brie en 1870, le seigneur des lieux poussa les habitants de Hautefeuille à se cacher dans la forêt. Ne découvrant personne dans le village, les *uhlans* (cavaliers) se mirent à leur recherche. L'un d'eux les débusqua, mais fit alors une découverte extraordinaire sous les traits d'une belle Briarde, dont il tomba immédiatement amoureux. Plutôt que de ramener les captifs, il déserta, et les deux jeunes gens se marièrent et eurent beaucoup d'enfants dans leur cabane au fond des bois…

Adresse Maison forestière des Bordes, 77515, Faremoutiers | **Accès** De Faremoutiers
D25 jusqu'au hameaux Les Bordes, rue de la forêt, maison forestière, tout droit à la barrière |
À savoir Entre la barrière près de la maison forestière et la cabane du Prussien, c'est une
jolie promenade à faire même avec des petits, avec la possibilité d'une halte au kiosque puis
devant la statue de la fée Carabosse.

38 __ La ferme des 30 Arpents

De la fourche à la fourchette

S'ils ne connaissent pas encore la ferme des 30 Arpents à Favières, j'encourage tous les amateurs de fromage à combler cette lacune gastronomique majeure en découvrant une production fromagère tout à fait exceptionnelle.

Tout le monde connaît le Brie de Meaux, ce fromage à base de lait cru de vache, à pâte molle et à la croûte fleurie, d'environ 2,8 kilos pour un diamètre de 36 à 37 centimètres. Probablement inventé à l'abbaye de Jouarre, il devint, dès le Moyen Âge, l'un des fromages les plus appréciés des familles royales. De Charlemagne à Marie Leczinska, qui inventa les bouchées à la reine farcies au Brie de Meaux, tous furent de fervents adeptes. Son succès était tel parmi les élites, qu'en 1815, au congrès de Vienne, Talleyrand, Metternich et les ambassadeurs de 30 nations qui se partageaient l'Europe, prirent le temps de le couronner « roi des fromages ».

L'histoire du Brie ne s'arrête pourtant pas là, puisqu'en 1990, la famille de Rothschild se lance dans sa fabrication. C'est à l'initiative d'Edmond de Rothschild que la production de ce fromage légendaire commença à la ferme des 30 Arpents. Ne retrouvant pas le goût du Brie de son enfance, il décida d'en fabriquer lui-même et aujourd'hui, l'exploitation est la seule à proposer un Brie de Meaux fermier AOP. Il est fabriqué uniquement à partir du lait des 250 vaches Prim'Holstein, qui naissent toutes sur la propriété et sont nourries avec une attention particulière.

Pour que ce fromage acquière toutes ses qualités, il est d'abord moulé à la main avec une pelle à Brie puis mis au repos pendant six à neuf semaines, en étant retourné régulièrement. Il va alors prendre peu à peu son goût si particulier. Il vous est proposé nature, à la truffe, à la moutarde de Meaux ainsi qu'aux noix et au miel, de quoi régaler tous les gourmands et gourmets qui voudront finir leurs repas en beauté.

Adresse Le Poncelet, RD 10, 77220 Favières, tél. 07 86 60 39 77, cellierdes30arpents.com, lecellier@edr-heritage.com | **Accès** A4, D21 | **Horaires d'ouverture** Le Cellier, point de vente de la ferme, est ouvert du mardi au samedi de 10 h à 12 h et de 15 h à 19 h sur commande par téléphone et par mail. Visite du domaine et de la ferme pédagogique sur réservation par téléphone | **À savoir** Pour en savoir plus sur l'histoire du Brie de Meaux, il existe un musée du Brie… à Meaux !

39__La buanderie

Le charme anglais

Avis aux peintres et photographes qui deviendront addict en découvrant la buanderie du château de Ferrières. C'est un endroit d'un romantisme fou ! L'immense bâtiment se dresse à l'extrémité des étangs de la Taffarette, comme prêt à avaler leurs eaux. Que vous veniez de l'allée des séquoias ou directement du bourg, la vue est incroyable. Aux dires des habitués, c'est un enchantement toujours renouvelé, quelle que soit la saison.

Pourtant, l'édifice n'a pas été bâti pour être beau, mais pour être utile. En effet, la buanderie fut construite en 1840 afin de répondre aux importants besoins domestiques du château, et surtout suivre l'imposant train de vie de la famille de Rothschild, propriétaire des lieux. 300 000 francs de l'époque furent investis dans le bâtiment, et le projet fut confié à l'architecte suisse Joseph-Antoine Froelicher. Ce dernier opta pour un style proche de l'architecture rurale anglaise. Sur les façades, il réalisa une décoration de bois découpé et d'applications de différentes essences constituant un véritable travail de marqueterie. Exceptionnelle pour l'époque, la buanderie faisait l'admiration de tous. C'est sous l'arcade voutée, maintenant fermée par une verrière, que les lavandières lavaient le linge des habitants du château – près de 80 000 pièces par an passaient ainsi entre leurs mains. À l'intérieur, d'immenses salles permettaient de le faire sécher.

Bien qu'aujourd'hui le bâtiment soit une propriété privée, et donc inaccessible au public, vous pourrez profiter du superbe paysage qui vous est offert. À l'ombre des arbres, c'est là le lieu idéal pour un pique-nique en famille. Vous pourrez aussi installer votre chevalet pour un après-midi peinture, ou admirer les oiseaux qui y viennent en nombre. La commune organise régulièrement des événements ouverts à tous, comme pour le feu d'artifice du 14 Juillet ou la fête de la Musique, qui mettent en valeur et font vivre ce patrimoine naturel et historique de premier ordre.

Adresse 9002 allée de la Taffarette, 77164 Ferrières-en-Brie | **Accès** A 4, sortie 12 Val de Bussy, D35 | **Horaires d'ouverture** Bâtiment privé, mais accès libre aux abords des étangs. Pour toute information, contactez l'office du tourisme (tél. 01 64 66 31 14) | **À savoir** À l'image de la ferme et des écuries toujours existantes, la buanderie se situait à l'extérieur de l'enceinte du château, dans le village, ce qui était exceptionnel pour l'époque.

40__Les gorges de Franchard

Les Champs-Élysées des bois

Il est certain que les habitants du sud du département connaissent l'endroit, car c'est un lieu très apprécié pour les balades dominicales. Pour ceux qui vivent plus au nord, au contraire, le nom ne leur dira peut-être rien. Les gorges de Franchard sont pourtant l'un des sites emblématiques de la forêt de Fontainebleau, et furent, tour à tour, lieu de vie et de méditation, terrain de chasse ou d'excursion, ou encore berceau d'amours romantiques.

En effet, dès le XIe siècle, l'espace naturel de la forêt de Fontainebleau devint terrain royal de chasse. C'était une réserve inépuisable de gibier pour la cour, qui chevauchait à travers les futaies, les roches accidentées et les vastes landes qui composaient le paysage. Franchard, comme le reste de ce territoire, était dévolu prioritairement à cette activité. À partir du XIIe siècle, ce fut le clergé qui prit également possession des lieux par l'entreprise d'un ermite, qui fut malheureusement assassiné quelque temps après son installation. Après lui, l'ermitage, érigé en prieuré, perdura jusqu'au XVIIIe siècle.

Au XIXe siècle, la forêt se démocratisa largement. À partir de 1830, le tourisme forestier se développant, les paysages des gorges attirèrent nombre de personnalités et devinrent très à la mode. Les peintres, envoûtés par ce décor, s'y pressaient pour capturer la lumière toujours changeante. Les écrivains n'étaient pas en reste, à l'image de Flaubert ou George Sand. En effet, grande admiratrice de la forêt, George Sand y entraînait régulièrement ses amants dans des escapades romantiques à travers bois. La plus célèbre d'entre elles fut celle qu'elle entreprit de nuit avec Alfred de Musset qui, pauvre homme, fut victime d'hallucinations.

Aujourd'hui, l'attrait pour les gorges ne s'est pas démenti, et le week-end, il y a parfois foule. Alors, pour profiter au mieux de ce panorama, des ruines de l'ermitage ou du chêne Georges Sand, un conseil, choisissez une belle matinée en semaine pour être au calme !

Adresse Parking route de l'Ermitage, 77300 Fontainebleau | **Accès** De Fontainebleau prendre la D409, la route Sainte-Fare puis la route du Monastère | **Horaires d'ouverture** Libre accès. Pour tout renseignement, office du tourisme de Fontainebleau au 01 60 74 99 99, www.fontainebleau-tourisme.com | **À savoir** Si vous souhaitez en savoir plus sur cet écosystème exceptionnel avant de commencer votre promenade, une visite au centre d'écotourisme Biosphère de Franchard s'impose.

41 L'hôpital de la Charité royale des femmes

Du grès, bon gré mal gré

La ville de Fontainebleau peut s'enorgueillir de son magnifique château et de ses jardins. C'est pourtant pour une autre visite que je vous entraîne. Dirigez-vous vers l'angle de la rue Royale et de la rue de l'Arbre-Sec pour découvrir l'édifice qui est aujourd'hui la bibliothèque municipale. Ce bâtiment, qui fut à l'origine l'hôpital de la Charité royale des femmes, est la première halte du parcours historique du grès. Ce circuit regroupe les plus belles constructions de la ville édifiées avec ce matériau. Issue du massif de Fontainebleau, cette pierre fut l'une des richesses de la région dès le Moyen Âge.

En effet, de multiples carrières émaillaient le domaine du roi et l'activité de carrier permit, pendant des siècles, de faire vivre bon nombre d'ouvriers. Même si beaucoup étaient expédiées vers Paris, les pierres de grès furent aussi largement utilisées pour l'édification de la ville et du château. Elles furent notamment employées pour la construction de l'hôpital de la Charité commandé par Anne d'Autriche en 1646, et inauguré par saint Vincent de Paul. Ce bâtiment, dont le rôle principal était d'accueillir de jeunes filles et de pourvoir à leur éducation, est emblématique de l'utilisation de ce matériau à Fontainebleau.

À partir de l'hôpital, il est simple de poursuivre cette promenade historique. Il faut simplement baisser le regard afin de trouver les clous en laiton qui se trouvent à proximité et qui vous dirigent vers les étapes suivantes. Ainsi, tout en profitant de l'animation du centre-ville, de ses boutiques et de ses cafés-restaurants, vous découvrirez peu à peu les demeures, façades ou portes-cochères. Ils témoignent du cadre de vie des grands noms de l'histoire comme la Pompadour, mais également de la condition des plus humbles. Le circuit ne s'arrête pas à Fontainebleau, mais se poursuit dans le centre-ville d'Avon. Un beau programme pour une journée dans le sud de la Seine-et-Marne !

Adresse 15 rue Royale, 77300 Fontainebleau | **Accès** À l'entrée principale du château, prendre la rue Royale | **Horaires d'ouverture** Parcours libre, pour toute information contacter l'office du tourisme de Fontainebleau, tél. 01 60 74 99 99, www.fontainebleau-toursime.com | **À savoir** Une petite faim pendant la balade ? Le restaurant Paul et Paulette est ouvert du 9 h à 18 h, avec la possibilité de manger végétarien.

42 Le château d'eau
De l'eau au robinet

Au bord du plateau Briard, surplombant la ville de Montereau-Fault-Yonne, vous trouverez le village de Forges, lui-même dominé par une structure de 15 mètres de haut aux allures de campanile. Mais vous n'y trouverez aucune cloche, puisque cette tour est en réalité un château d'eau. Rien à voir avec ceux habituellement en forme de champignon. Celui-ci est une construction en maçonnerie comparable à un Colisée miniature, constituée de deux couronnes circulaires percées d'arcades cintrées disposées sur deux étages.

Il semblerait que ce château d'eau fut l'un des premiers construits en Seine-et-Marne. En 1878, Jules Guichard, sénateur du département de l'Yonne, acquit le château de Forges et ses dépendances ; un an plus tard, avec le châtelain de Boulains, ils prirent la décision de faire venir l'eau courante dans leurs propriétés respectives. Ils achetèrent un terrain pour y installer une pompe hydraulique afin de puiser l'eau de la Seine en contrebas au niveau de Montreau-Fault-Yonne. Parallèlement, ils entreprirent l'aménagement du réseau de tuyauterie nécessaire à l'acheminement du précieux liquide vers leurs demeures. Rapidement, les habitants du village bénéficièrent, eux aussi, de cette innovation, et des bornes-fontaines en fonte furent installées en différents points du village.

En 1990, le château d'eau a malheureusement perdu le réservoir métallique qui coiffait son sommet. Cependant, la partie maçonnerie, réhabilitée en 2004, est, elle, en excellent état. Vous n'aurez aucun mal à le trouver, car sa masse s'impose sur ce plateau de grandes cultures. Quant aux bornes-fontaines, il en existe encore quelques-unes dans la commune. On peut encore voir, gravée en chiffres romains, l'année de leur mise en service : MDCCCLXXVIIII (1879). Pour les plus passionnés, il est également possible de consulter en mairie un plan d'installation de distribution d'eau pour les propriétés de Forges et de Montigny Valence, datant de 1879.

Adresse Rue du Cimetière, 77130 Forges, tél. 01 60 73 55 99, www.mairie-forges-77.fr, mairie-de-forges-77@orange.fr | **Accès** De Montereau-Fault-Yonne D605, D67 | **À savoir** L'ancien château de Jules Guichard, aujourd'hui campus de la Transition, a été sélectionné par Stéphane Bern dans le cadre du loto du patrimoine.

43___Le Early Grez

L'art et la manière

Pour déconnecter de notre XXIe siècle parfois stressant, je vous propose une belle adresse : une maison d'hôtes unique qui va vous transporter dans le monde des artistes de la fin du XIXe siècle. Il s'agit du Early Grez, rêvé et aménagé par Sophie Batsis au cœur du village de Grez-sur-Loing.

L'origine de ce lieu est une véritable histoire d'amour, celle de Sophie pour le village et pour l'artiste-peintre Carl Larsson, qui s'y installa dans les années 1880. Lorsqu'elle emménagea dans la commune avec son mari, elle ne savait pas que son peintre préféré était venu y retrouver ses compatriotes suédois afin de profiter de l'atmosphère et de la lumière si particulières dans cette partie de la Seine-et-Marne. Il y trouva non seulement l'inspiration, mais aussi l'élue de son cœur, à qui il ne fit pas moins de huit enfants.

C'est en son honneur que l'une des chambres porte son nom, la deuxième ayant été baptisée de celui d'un autre peintre, Frank O'Meara, grand ami de Larsson qui s'installa également dans la commune et qui y résida plus de 10 ans. Pour la décoration, la maîtresse de maison a choisi des meubles et des objets de la fin du XIXe siècle, entre 1860 et 1890. C'est dans ce décor d'un autre temps que Sophie Batsis vous accueille pour profiter de la douceur des bords du Loing.

Pour le plus grand plaisir des yeux et des papilles, elle vous concocte petits-déjeuners et repas à partir de produits bios, qu'elle présente sur des tables d'un raffinement exquis. L'art n'est jamais très loin, puisque les plats qu'elle vous mijote sont souvent en relation avec les peintres qu'elle affectionne tant. Qu'ils soient servis à l'intérieur ou dans le jardin qui descend vers la rivière, ils font partie d'instants qu'elle veut hors du temps. Pour ceux qui le souhaitent, elle propose également de découvrir le travail d'artistes contemporains vivant dans le village ou qui s'en inspirent. Alors pour une pause bienfaisante dans un cadre d'exception, pensez au Early Grez.

Adresse 132 rue Wilson, 77880 Grez-sur-Loing, tél. 07 87 95 62 45, www.earlygrez.com, info@earlygrez.com | **Accès** De Fontainebleau D607, D104 | **Horaires d'ouverture** Séjour de deux jours minimum et table d'hôte sur réservation uniquement | **À savoir** Pour en apprendre plus sur le peintre le plus aimé des Suédois, il existe le Carl Larsson-Garden à Sundborn (Suède), maison-musée qui fut aménagée par son épouse, l'une des premières décoratrices d'intérieur.

44__ L'hôtel Chevillon
Un bonheur simple

C'est au 2 rue Carl-Larsson que se trouve un des lieux emblématiques de ce que fut la vie intellectuelle et artistique de Grez-sur-Loing, au tournant du XIXe et le XXe. À l'époque, l'établissement était un simple hôtel-pension sans chichi tenu par un couple hors du commun, les Chevillon, qui s'y étaient installés en 1860. Ils accueillirent pendant plusieurs décennies des artistes du monde entier qui, sous l'impulsion de Jean-Baptiste Camille Corot, séjournèrent dans le village. Attirés dans la région par des paysages bucoliques et une lumière exception-nelle, ils le furent aussi par l'atmosphère qui régnait dans la pension : le couple offrait aux clients un séjour simple, mais chaleureux, et l'hôtel, situé au bord du Loing, permettait aux artistes de profiter de sujets inépuisables tout en leur fournissant un cadre extrêmement agréable pour leurs moments de détente.

Séjournèrent à la pension des créateurs venus des quatre coins du globe : Américains, Suédois ou Japonais s'y succédèrent pour créer et surtout pour se faire dorloter. Parmi ces clients, les frères Goncourt fréquentèrent régulièrement les lieux à partir de 1863 ; l'écrivain écossais Robert Louis Stevenson et son épouse profitèrent, eux aussi, de la douceur de la pension pendant plusieurs années. De nombreux peintres vécurent également entre ces murs, comme Kuroda Seiki, Carl Larsson ou William Blair Bruce. Dans ce mel-ting-pot, les femmes ne furent pas en reste, à l'instar des artistes Emma Chadwick ou Eliza Greatorex, qui trouvèrent à Grez-sur-Loing une grande liberté.

Toujours appelée Hôtel Chevillon, la demeure est aujourd'hui pro-priété de la fondation suédoise Grez Stiftelsen et accueille toujours des artistes, universitaires et chercheurs en résidence. Dans des locaux entièrement restaurés, elle offre un cadre idéal à leurs travaux. D'abord réservée aux ressortissants suédois, elle s'est ouverte en 2018 à l'inter-national et propose ses ateliers à tous, avec vue sur le Loing.

Adresse 2 rue Carl-Larsson, 77880 Grez-sur-Loing, tél. 01 64 45 93 45, www.grez-stiftelsen.se, intendant@grez-stiftelsen.se | **Accès** De Fontainebleau D607, D104 | **Horaires d'ouverture** Pour les dates de visite, contactez la fondation par téléphone ou à l'adresse email ci-dessus | **À savoir** Un lieu à ne pas manquer à Grez-sur-Loing : le pont qui enjambe la rivière et qui fut peint notamment par le peintre Corot en 1863 ou emballé, 100 ans plus tard, par l'artiste land art Christo.

45 La vigne

En l'honneur de Bacchus

Au commencement, il y avait la vigne… En tout cas dans le village de Guérard comme dans toute la région parisienne, où cette culture fut prépondérante entre le Moyen Âge et le XIXᵉ siècle. Pendant cette période, l'Île-de-France fut en effet la plus grande région viticole en superficie de notre beau pays françois.

À Guérard, on trouve des traces de cette culture dès le VIᵉ siècle après J.-C. bien que ce soit à partir du XIIᵉ siècle que l'activité prit son véritable essor. Comme le reste de la région, le village bénéficia de sa proximité avec la capitale. Pourtant, au début XIXᵉ siècle, l'exploitation de la vigne commença à décliner, notamment avec le développement du train qui permit l'arrivée de vins d'autres régions. Malgré tout, dans les années 1845, 400 hectares de vigne étaient encore exploités sur les 2 000 de la commune. Le coup de grâce arriva avec le phylloxera, insecte qui s'attaque à la vigne, qui frappa tout l'Hexagone à partir de 1863. L'impact fut tel qu'une plaque a été fixée dans le hameau de Monthérand en 1893 pour commémorer cette catastrophe. Guérard ne s'en releva pas. La vigne fut presque entièrement détruite, et devint dès lors une activité secondaire. En 1950, on assistait aux dernières vendanges.

Tout aurait pu s'arrêter là, mais c'était sans compter quelques irréductibles Guérardais qui n'ont pas voulu s'avouer vaincus. C'est le cas de Daniel Kiszel qui, en 2003, planta sa première vigne – pas le premier à avoir l'idée, mais le plus déterminé. Avec l'aide de la municipalité, d'entreprises et de particuliers, il étendit année après année les parcelles replantées. En 2014, il compléta son projet en créant, dans une ancienne bâtisse viticole, la cave Vigne Envie, dans laquelle il vous convie aujourd'hui à une véritable immersion dans l'histoire de la commune. Pour les plus courageux, il existe également une randonnée « Le circuit des vignes », qui traverse les coteaux de cet ancien vignoble. De quoi découvrir les trésors du passé, mais aussi de belles promesses pour l'avenir.

Adresse 30 rue de la Brosse, 77580 Guérard, tél. 01 64 75 63 11, contact@vigneenvie.fr, www.vigneenvie.fr | **Accès** De Crécy-la-Chapelle, D934 | **Horaires d'ouverture** Visites sur réservation (du 1er avril au 30 septembre pour les visites individuelles). Pour les randonnées, contactez Mme Thiebaut au 06 71 62 92 79 | **À savoir** Porte de Provins, il existe les restes d'une fortification appelée terréc, composée d'un fossé sec et d'un amoncellement de terre d'environ 5 mètres de haut. Celle qui fut érigée autour de Paris arrêta Jeanne d'Arc dans sa reconquête de la ville en 1429.

46__La base de loisirs
Une bouffée d'air pur

Après-guerre, de nouvelles cités virent le jour autour de Paris, et leur construction demanda d'énormes quantités de matériaux. C'est le cas du sable qui était extrait des nombreuses sablières existant en Île-de-France, notamment sur la commune de Jablines. Ces zones, une fois l'exploitation terminée, connurent un destin inattendu. En effet, parallèlement à cet accroissement urbain, le général de Gaulle souhaita que les habitants des banlieues puissent sortir de leurs immeubles pour profiter de l'air pur. Aussitôt dit aussitôt fait, les anciennes carrières furent utilisées pour créer des bases de loisirs tout autour de la capitale. Celle de Jablines-Annet, située sur une boucle de la Marne, fait partie de ces 12 bases nautiques aménagées à partir des années 1960, et qui font depuis la joie des citadins en quête d'oxygène.

Depuis 1972, date de son ouverture, cette île de loisirs n'a cessé de s'étendre et de se transformer. Elle représente aujourd'hui 470 hectares de nature dont 180 accessibles au grand public. Ses atouts majeurs sont la qualité de ses infrastructures, sans cesse renouvelées et améliorées, et les 18 activités proposées (équitation, téléski nautique, fitness, mini-golf, etc.) C'est aussi une nature préservée avec 23 kilomètres de chemins, deux plages de sable blanc qui s'étendent sur 400 mètres et des eaux cristallines qui lui permettent d'arborer le label Pavillon bleu depuis 2010.

Vous pouvez venir simplement pour la journée ou choisir un séjour plus long, car l'endroit met à disposition deux campings ouverts du printemps à l'automne ainsi que la maison du grand lac, avec ses 23 chambres disponibles toute l'année. Côté restauration, la base propose une cafétéria, des buvettes et un bistrot nature qui est ouvert même en hiver – très sympa pour se réchauffer après une bonne balade. Alors, farniente au bord de l'eau ou activité sportive, à vous de choisir car à Jablines, tout est possible.

Adresse 77450 Jablines, contact@jablines-annet.iledeloisirs.fr,
www.jablines-annet.iledeloisirs.fr | **Accès** A104, D404, D45 tél. 01 60 26 04 31 |
Horaires d'ouverture De mi-mai à mi-septembre de 10 h à 18 h 30 (entrée payante),
le reste de l'année de 8 h à 19 h (entrée gratuite) avec un certain nombre d'activités
accessibles telles que les tennis, les jeux d'enfants, le parcours santé… | **À savoir** Un cirque
s'installe régulièrement sur la base de loisirs. Il propose des ateliers et des spectacles,
notamment au moment de Noël. Il est même possible de privatiser le chapiteau.

47___La crypte Saint-Paul
Par-delà la mort

La période mérovingienne est plutôt mal connue. Rarement bien située dans l'histoire, elle semble coincée quelque part entre la chute de l'Empire romain d'occident et la période des châteaux forts et des preux chevaliers. Les souvenirs d'école ont seulement laissé en mémoire quelques noms comme Clovis et son baptême ou Dagobert – qui avait mis sa culotte à l'envers… mais pour le reste, nos connaissances sont souvent limitées. C'est pour réparer cette lacune qu'il faut absolument visiter la crypte de Jouarre, qui remet à elle seule tout ce pan de l'histoire en perspective, racontant l'important mouvement de christianisation que connut la région entre les VIe et VIIe siècles et qui s'accompagna de la construction d'abbayes et de monastères un peu partout sur le territoire. À Jouarre, c'est Adon, fils de saint Authaire, qui fonda, vers 630, un monastère d'hommes et de femmes. Sa première abbesse, Théodechilde, prit la tête des deux communautés et en fit un haut lieu de la vie monastique.

Afin de recevoir les corps des fondateurs de l'abbaye, une crypte fut créée plus tard, en prolongement d'une basilique funéraire. On y déposa les dépouilles de saint Adon, de sainte Théodechilde ainsi que celles de certains membres de leur famille. Si la crypte a résisté au temps, la basilique a été détruite pendant la guerre de Cent Ans. Au XVIe siècle, les corps des saints, à l'exception de celui de saint Adon, furent exhumés pour être mis dans des châsses et transférés dans l'église paroissiale.

La crypte de Jouarre offre également une richesse architecturale et artistique rare, avec ses colonnes antiques surmontées de chapiteaux datant de l'époque mérovingienne en marbre blanc des Pyrénées, ses tombeaux finement décorés de symboles où se mêlent orient et occident, sans oublier le beau gisant d'Osanne ou encore l'exceptionnel bas-relief représentant le Christ tétramorphe !

Adresse 6 rue de Montmorin, 77640 Jouarre, tél. 01 64 03 88 09, www.coulommierspaysdebrie-tourisme.fr, contact@cpb-tourisme.fr (office du tourisme) | **Accès** De Meaux, D603, D402 | **Horaires d'ouverture** Uniquement sur réservation du mercredi au samedi de 6 h 30 à 12 h 30 et de 14 h à 17 h 30 et dimanche de 14 h à 17 h 30 | **À savoir** Les châsses sont encore visibles dans l'église paroissiale Saint-Pierre-Saint-Paul-de-Jouarre. Ces châsses dorées surplombent le chœur qui a été entièrement restauré, à voir assurément.

48__La tour romane

Par la grâce de Dieu

Du haut de cette tour, 14 siècles de la vie des bénédictines de Jouarre vous contemplent. Depuis la première abbesse Théodechilde qui s'y installa en 630, rien n'a pu les contraindre à quitter la ville – pas même la Révolution, qui poussa pourtant au départ les sœurs de l'abbaye. C'est en effet une période bien sombre qui commença à partir de 1792 pour les 26 sœurs bénédictines qui avaient décidé de rester sur place. L'abbaye fut réquisitionnée et divisée en 34 parcelles pour être vendue à divers acheteurs. Elle fut démantelée au fil des ans, servant comme beaucoup d'édifices religieux de carrière de pierres pour d'autres constructions.

La tour, ancien clocher de l'abbaye, échappa par miracle à ce jeu de massacre, car le lot 34 fut attribué à un forgeron qui y installa son activité, lui évitant ainsi la destruction. Ce bâtiment était l'un des seuls debout en 1837, lorsqu'une poignée de bénédictines vivant encore dans la commune décida, avec l'aide de 12 jeunes sœurs venues de Pradines, de reconquérir leur bien. Ne s'étant jamais avouées vaincues, elles rachetèrent et rebâtirent petit à petit ce qui avait été l'une des abbayes les plus importantes de la région.

Les bénédictines vivent du travail de leurs mains ; pour assurer des revenus à leur communauté, elles développèrent des activités de broderie et d'imagerie pieuse. Dans les années 1950, sous l'impulsion de sœur Jean-Marie, elles se lancèrent également dans la céramique qui devint, avec le temps, l'activité économique principale de la communauté. Aujourd'hui, c'est au cœur de la tour qu'elles exposent et vendent leurs créations. Elles vous accueillent avec chaleur dans leur boutique totalement rénovée en 2020. Vous y trouverez aussi des spécialités alimentaires confectionnées sur place ou dans d'autres couvents, des produits de bien-être ainsi qu'une librairie. N'hésitez pas à monter dans les étages où vous resterez bouche bée devant le travail de ces femmes à la volonté et à l'imagination sans limites.

Adresse Rue de la Tour, 77640 Jouarre, tél. 01 60 22 06 11, www.abbayejouarre.org, communaute@abbayejouarre.org | **Accès** De Meaux, D603, D402 | **Horaires d'ouverture** Du lundi au samedi de 10 h à 12 h et de 14 h à 17 h 30, le dimanche de 11 h à 12 h 15 et de 14 h à 14 h 30 | **À savoir** L'abbaye occupe une grande partie de Jouarre ; allez admirer les superbes bâtiments qui la composent, en particulier la sublime chapelle.

49 L'ancienne synagogue-musée André Planson

Un beau mélange

L'ancienne synagogue, aujourd'hui musée André Planson, est la combinaison réussie d'un bâtiment historique et d'un centre culturel et artistique. Elle fut édifiée en 1890 dans le style romano-byzantin pour la communauté ashkénaze de la ville qui comptait à l'époque une trentaine de familles venues pour la plupart de l'est de la France après l'annexion de l'Alsace et la Lorraine par l'Allemagne en 1871. Après la Deuxième Guerre mondiale, la synagogue fut de moins en moins fréquentée, et son état se dégrada progressivement. Rien ne fut fait jusqu'en 1973, date à laquelle la ville racheta le bâtiment. Les amis israélites du peintre fertois André Planson mirent cependant une condition à cette vente : le bâtiment devait devenir un musée. La commune finit par réaliser ce projet, non sans peine.

Au rez-de-chaussée, la salle est exclusivement dédiée aux expositions temporaires. Cette partie du centre d'art permet avant tout de mettre en valeur le travail des artistes contemporains de la région. Elle accueille aussi de temps en temps des créateurs venant des quatre coins de l'Hexagone. Au rythme d'une nouvelle exposition tous les mois et demi, la galerie propose des expériences variées dans tous les domaines artistiques. Elle organise également une fois par an une grande présentation patrimoniale en partenariat avec d'autres musées ou des établissements culturels de la région. Au premier étage, changement d'ambiance, car c'est l'œuvre du peintre André Planson qui est mise à l'honneur. Cette partie du centre d'art a été inaugurée en 2001. Le salon permanent permet non seulement de découvrir les tableaux de l'artiste, mais également une multitude d'objets, de photographies, de lettres lui ayant appartenu. Vous pourrez également y voir une reconstitution d'un atelier aux couleurs du salon de ses parents à Auteuil. C'est une jolie immersion dans l'univers d'un des peintres du bonheur.

Adresse 28 boulevard du Turenne, 77260 La Ferté-sous-Jouarre, tél. 01 60 22 96 27, culture@lfsj.fr | **Accès** De Meaux, D603, D21P, D3 | **Horaires d'ouverture** Le samedi de 15 h à 18 h, le dimanche de 10 h à 13 h et 15 h à 18 h et pour les vernissages. Pour les groupes, sur rendez-vous au 01 60 22 93 22 | **À savoir** À voir, bien que non visitable, la belle maison d'André Planson de l'autre côté de la Marne, aujourd'hui habitée par la fille de l'artiste.

50__Le tjalk hollandais
Bateau sur l'eau…

Pour tous les marins d'eau douce qui veulent profiter au maximum des bords de Marne, pourquoi ne pas passer quelques jours sur un bateau ? Anne Claire Pâris, qui a amarré le sien dans le petit port de La Ferté-sous-Jouarre, met à disposition des amateurs son *tjalk* hollandais de 1908.

Ces bateaux furent couramment employés aux XVIIIe et XIXe siècles. Celui d'Anne Claire, aujourd'hui classé au patrimoine fluvial et maritime, était, lui, utilisé pour la pêche aux moules en mer du nord. À l'origine équipé d'une grand-voile, il a été séparé de ses appendices et motorisé en 1964. Dès lors, il fut piloté depuis sa belle barre franche en chêne, et c'est ainsi modifié qu'il arriva en France dans les années 1980-1990.

C'est en le découvrant dans le port de la Bastille à Paris qu'Anne Claire Pâris a eu le coup de foudre pour ce bateau. Elle l'a acquis en 2011 et l'a aménagé pour en faire son domicile. Elle a eu la chance de vivre ainsi pendant sept ans au centre de notre belle capitale. Après son déménagement à La Rochelle, elle a décidé de le transformer en résidence secondaire – il était hors de question pour elle de s'en séparer. Son ami Joël Le Mercier, responsable du nouveau pôle fluvial, a trouvé la solution parfaite en lui proposant de l'amarrer à La Ferté-sous-Jouarre.

Pour passer un bon moment sur le *De Onderneming*, ce n'est pas compliqué : il faut juste s'équiper d'un sac de couchage ! Après, vous n'aurez plus qu'à profiter des petits-déjeuners au soleil sur le pont, des balades à pied et à vélo le long de la Marne, ou encore des petits repas décontractés de la guinguette fertoise qui s'est installée juste à côté il y a peu. C'est un endroit idéal pour les amateurs de visites comme pour les aficionados du farniente. Chacun trouvera son rythme à bord et, comme la vie n'est pas un long fleuve tranquille, autant s'accorder une pause loin des tracas et profiter des charmes de la rivière.

Adresse Chemin des Deux-Rivières, 77260 La Ferté-sous-Jouarre | **Accès** De la mairie, accessible par la rue Goury, le boulevard du 8-mai-1945, le boulevard de Turenne, la rue Hardy-Guillard ou la rue Jean-Jaurès | **Horaires d'ouverture** Sur réservation au 06 07 88 57 78 ou sur Airbnb | **À savoir** Sur l'eau, la halte fluviale propose des croisières sur la Marne et à terre, vous pourrez découvrir l'histoire de la pierre meulière à travers la ville.

51 La Ferme au Chocolat

Pour nos délicates papilles

Au cœur du village de La Houssaye-en-Brie, il existe une ferme tout à fait particulière. Il n'y a là-bas ni veaux, ni vaches, ni cochons, et encore moins de blé, de colza ou de betterave. En passant le porche, vous tombez sur une boutique qui va ravir tous les gourmands puisqu'on y prépare du chocolat. Mais pas n'importe lequel : celui-ci vient exclusivement de l'île lointaine de Madagascar, ce pays de soleil où les choses se font encore selon les rythmes de la nature.

Le chocolatier Grégoire Engrand est à l'origine de cette fonderie à la campagne. En 1985, le Solognot d'adoption a eu une révélation au cours d'un repas au Grand Hôtel du Lion d'Or à Romorantin. Il sait enfin ce qu'il veut faire : cuisinier. Il suit plusieurs formations entre la France, l'Angleterre et le Japon, guidé par de grands chefs étoilés tels que Didier Clément ou Michel Roux. Mais sa passion, c'est le travail du chocolat.

Riche de ces expériences, il crée sa propre chocolaterie dans le 15e arrondissement de Paris avant d'installer sa Boutique de Maître Grégoire parmi les antiquaires aux puces de Saint-Ouen. Après ses années parisiennes, il décide de déménager loin de la ville. Pour lui, fini le bruit et la pollution : il a besoin de grand air et de nature et veut surtout s'adonner pleinement à sa passion du chocolat dans un cadre qui lui correspond. C'est pour cette raison qu'il crée un partenariat avec les propriétaires de la chocolaterie Robert à Madagascar, qui cultivent 2 000 hectares de cacaoyers sur l'île : Grégoire Engrand recherche le beau, le bon, le naturel et veut être sûr de l'origine et de la qualité de ses produits. Dans cette optique, il aménage un laboratoire totalement vitré, permettant ainsi à ses clients de prendre part à l'élaboration de toute sa production. Dans « sa ferme », Grégoire Engrand vous initie aux saveurs subtiles et variées du chocolat. Que vous l'aimiez noir ou au lait, son équipe et lui vous apprendront à le déguster comme un grand vin.

LA FERME
AU
CHOCOLAT

Adresse 98A avenue de Général-Leclerc, 77610 La Houssaye-en-Brie, tél. 01 64 25 56 96, www.lafermeauchocolat.shop, gregoire.engrand@lafermeauchocolat.com | **Accès** De Meaux : A140, A4, N36, D216 | **Horaires d'ouverture** Du mardi au samedi de 9 h 30 à 12 h 30 et de 15 h à 19 h | **À savoir** En partenariat avec la ferme de l'Échelle à Marles-en-Brie, Grégoire Engrand a créé une variété de pâtes au cacao vendues sous la marque « Des pâtes briardes épi c'est tout ».

52__Les Ateliers de la Tannerie

Un monde à part

Les Ateliers de la Tannerie sont un lieu tout à fait unique à Lagny-sur-Marne. Cette ancienne tannerie construite en 1920 est devenue, au fil du temps, un véritable centre artisanal et artistique. Bien cachée derrière ses murs, elle regroupe une quarantaine de créateurs qui peuvent y travailler dans le calme et la sérénité. Ébéniste, photographe ou sculpteur, chacun évolue en toute indépendance, aujourd'hui ici et demain ailleurs… Le lieu change et se renouvelle en permanence.

Conscient de la valeur de cet ensemble, Jean-François Bardinon, propriétaire de la tannerie, décida en 1996 de louer ces immenses espaces à des artistes, trouvant ainsi une solution idéale afin de préserver ce patrimoine industriel tout en valorisant la création contemporaine. Au fil des ans, les occupants transformèrent les lieux : des cloisons furent installées selon les besoins ; de nouveaux ateliers virent le jour, eux-mêmes réaménagés avec l'arrivée d'autres locataires, et ainsi de suite jusqu'à aujourd'hui. Les Ateliers sont devenus une mini-ville dans la ville, avec leur propre place, leurs ruelles et leurs passages. C'est dans ce labyrinthe que se cachent aujourd'hui boutiques, ateliers et studios : il y en a dans tous les sens et à tous les étages, pour le plus grand bonheur des visiteurs.

Le collectif des Ateliers de la Tannerie organise chaque année des rencontres avec le public. En avril, vous pourrez partager leur passion lors des journées européennes des métiers d'art. Le temps d'un week-end, ils ouvrent leurs portes à tous ; l'occasion rêvée pour en apprendre plus sur toutes ces disciplines. En décembre, l'invitation est donnée pour le marché de Noël. Dans une ambiance festive et décontractée, vous pourrez partir en famille à la recherche de cadeaux uniques. Entre ces deux dates, d'autres événements sont proposés, mais seulement selon l'envie des maîtres des lieux.

Adresse 18 rue Marthe-Aureau, 77400 Lagny-sur-Marne, www.facebook.com/
lesateliersdelatannerie | **Accès** À partir la mairie, rue du Docteur-Naudier, rue Henri-
Bouteiller, boulevard du Maréchal-Gallieni, D10, D418, rue Gambetta | **Horaires
d'ouverture** Renseignements sur les événements proposés à trouver sur le site des Ateliers |
À savoir À Montreuil, Jean-François Bardinon a également transformé une des anciennes
usines Chapal en centre de création (2 rue Marcelin-Berthelot, 93100 Montreuil).

53__La poupée rouge
Le doudou de la place de l'Orme-Bossu

Pour admirer une énorme et surprenante poupée rouge, il faut vous diriger vers les hauteurs de Lagny-sur-Marne. Ici, pas de vieilles pierres ni de monuments historiques, la poupée a pris place dans un quartier résidentiel et populaire.

Cette réalisation atypique est l'œuvre de la plasticienne Marie-Laure Griffe. En 2007, l'artiste répondit à un concours local organisé par la ville afin de redonner vie à la place de l'Orme-Bossu, qui n'était à l'époque qu'un lieu de passage sans caractère. Le thème était libre, une chance pour la sculptrice qui eut tout le loisir de faire fonctionner son imagination. Puisque la place était bordée par différents établissements scolaires et par un gymnase, elle axa son travail sur l'enfance, d'où l'idée de la poupée. Elle souhaitait en faire l'âme centrale du square et l'interlocutrice privilégiée de toutes les personnes, jeunes et moins jeunes, qui traversaient ce lieu tout au long de la journée.

Pour la technique, Marie-Laure Griffe a conçu une armature métallique avec des renforts pour les bras. Elle a ensuite réalisé la forme entière de la poupée en polystyrène expansé pour l'intégrer sur la structure. Enfin, elle a recouvert le tout de trois couches de ciment-résine, deux de structure et une de finition, et protégé le tout avec un vernis anti-tag. Malgré ce soin, la statue fut vite vandalisée, principalement au niveau de la tête – peut-être en raison de ses yeux bleus très fixes, quelque peu dérangeants pour certains, évoque l'artiste. Des yeux bleus ? Il faut savoir qu'à sa création, seule la robe de la poupée était rouge, mais les détériorations s'accumulant, la commune décida, en 2015, d'intervenir et rappela Marie-Laure Griffe. Elle choisit cette fois de repeindre la statue entièrement en rouge pour la rendre plus ludique. Cela redonna un nouveau souffle à la sculpture, conçue comme un véritable doudou, et qui, aujourd'hui encore, vous tend les bras.

Adresse Allée André-Malraux, 77400 Lagny-sur-Marne | **Accès** A104, D934, D10 |
À savoir Les différents prototypes de la poupée se trouvent toujours dans l'atelier de
Marie-Laure Griffe, ouvert pendant les journées européennes des métiers d'art, au 35 rue
du Château-Fort à Lagny-sur-Marne (tél. 06 88 55 44 76, www.griffe.boz-art.com).

54 La statue de Jeanne d'Arc

Une femme sur tous les fronts

Orléans et Paris sont des villes emblématiques dans l'odyssée épique de Jeanne d'Arc. Toutefois, c'est à Lagny-sur-Marne qu'elle montra toute la mesure de son pouvoir divin. Arrivée dans la ville en avril 1430, Jeanne entendit la prière à la Vierge de deux jeunes femmes ; l'une d'elles venait de perdre son nourrisson sans que celui-ci ait pu être baptisé. La pucelle s'arrêta donc prier avec elles, quand un miracle se produisit : l'enfant ressuscita le temps de recevoir le baptême. Un événement pour lequel Jeanne d'Arc fut canonisée en 1920. Ce n'est pas son seul bienfait à Lagny, puisqu'un mois plus tard, elle revint dans la ville pour combattre l'infâme Franquet d'Arras, qui, à la tête d'une bande payée par les Anglais, terrorisait la population de la région. Après un dur combat, il fut vaincu par la jeune femme et condamné à être décapité.

En 1913, un projet d'érection d'une statue commémorant cet épisode vit le jour. Il fallut cependant attendre 10 ans avant que la somme nécessaire soit réunie. Pour y parvenir, on alla même jusqu'à solliciter les grands de ce monde. Pour ce qui est du roi d'Angleterre, la réponse fut négative – on se demande pourquoi –, mais le tsar Nicolas II accepta de remettre la somme de 1000 francs par l'intermédiaire de son ambassadeur. C'est le sculpteur Armand Roblot qui fut chargé de la réalisation et le 13 mai 1923, la statue fut inaugurée.

Initialement érigée sur la place du Marché-au-Blé, elle se trouve aujourd'hui dans le très joli square Jeanne d'Arc, juste derrière l'abbatiale Notre-Dame-des-Ardents. Réalisée en pierre de Chauvigny, cette statue présente un détail surprenant : Jeanne-d'Arc est représentée avec deux épées. Elles font référence à l'une des extraordinaires visions qui ont permis à la jeune femme de sortir victorieuse de son combat contre Franquet d'Arras. Si vous voulez découvrir cette étonnante histoire, je ne vous en dis pas plus. À vous de suivre l'une des visites guidées organisées par l'office du tourisme de la ville…

Adresse Rue Jeanne-d'Arc, 77400 Lagny-sur-Marne | **Accès** A104, D934, D10 | **Horaires d'ouverture** Square ouvert tous les jours jusqu'à 18 h. Informations pour les visites guidées à l'office du tourisme de Lagny, 2 rue du Chemin-de-Fer, tél. 01 64 02 15 15 ou sur www.marneetgondoire-tourisme.fr | **À savoir** La très belle abbatiale vaut le détour. On y trouve une chapelle dédiée à Jeanne d'Arc ainsi qu'une plaque commémorant le « miracle de Lagny ».

55 Le ThéArtCafé

Chiller au ThéArtCafé

Situé sur la place de la fontaine au centre-ville de Lagny-sur-Marne, le ThéArtCafé a tout pour vous séduire. Il vous accueille dans un bâtiment historique remarquable, dit « des cinq pignons », du fait de ses toitures pointues coiffées de cinq grandes girouettes aujourd'hui disparues. Ce bâtiment servait de halles au Moyen Âge et accueillait les marchands qui se retrouvaient une fois l'an dans la ville pour participer à la foire. Appelée « foire des innocents », elle regroupait en janvier tous les acteurs économiques et financiers d'Europe et assurait, avec les foires de Provins, Troyes et Bar-sur-Aube, richesse et puissance au comté de Champagne.

C'est donc sous les belles voûtes de cette ancienne halle que vous pourrez confortablement vous installer, dans une ambiance chaleureuse comme l'a voulu Thomas Rivière, gérant du bar depuis 2012. Ayant travaillé à Londres pendant deux ans, il a ramené avec lui ce goût des atmosphères cosy *so british*, qu'il a recréées avec l'aide d'une amie architecte d'intérieur. Les petites tables bistro, le piano et les canapés Chesterfield s'intègrent ainsi à merveille avec le style du bâtiment, et vous invitent au plaisir et à la détente.

Le ThéArtCafé est aussi un lieu ouvert tous les jours, qui se transforme au fil des heures. Le matin, devant un bon petit-déj', vous rencontrerez probablement des lycéens buvant leur café « d'avant cours ». À midi, changement de ton, vous aurez affaire aux actifs pressés par le temps, pour passer ensuite aux habitués de l'après-midi, qui viennent siroter un café viennois ou un thé prince Vladimir en prenant leur temps. Quant au soir, devant un Cuba Libre ou un whisky Highland Dalmore 15 ans d'âge, tout le monde se mêle, surtout lorsqu'un concert de jazz est organisé. Dès que le temps le permet, vous pouvez également vous installer en terrasse. L'été, celle-ci investit une partie de la place, et vous pourrez alors profiter d'un bon verre au soleil.

Adresse 1 place de la Fontaine, 77400 Lagny-sur-Marne, tél. 01 60 31 33 71, www.theartcafelagny.com | **Accès** À côté de la mairie | **Horaires d'ouverture** Le lundi et mardi de 15 h à 20 h, le mercredi de 9 h à 20 h, du jeudi au samedi de 9 h à minuit et le dimanche de 9 h à 19 h | **À savoir** Le jeudi, vendredi et samedi soir, laissez-vous tenter par le plateau charcuterie-fromage accompagné d'un bon verre de vin.

56 La basilique Saint-Mathurin

La tour des miracles

Située au sud du parc régional du Gâtinais, la basilique Saint-Mathurin de Larchant domine toute la campagne environnante. Construite à partir de la fin du XIIe siècle, elle est l'un des joyaux de l'architecture gothique en Île-de-France – sa construction aura duré trois siècles, mais, ironie du sort, une partie de l'édifice prend feu en 1568. Courte vie donc pour ce sublime ensemble dont les dimensions d'origine étaient impressionnantes. En effet, sa longueur intérieure totale était de 57 mètres et celle du transept de 29 mètres. Les voûtes s'élevaient à 18 mètres et le clocher-tour ne mesurait pas moins de 50 mètres. Les parties détruites ne furent jamais rebâties et restèrent en l'état jusqu'à nos jours.

C'est le clocher-tour, ou ce qu'il en reste, qui se dessine encore dans le lointain. Véritable phare dans la région, il était d'une grande utilité aux voyageurs au Moyen Âge pour se diriger vers la cité, lieu important de pèlerinage. La basilique renfermait en effet le tombeau de saint Mathurin, qui avait le pouvoir de soigner les fous et les possédés. Selon la légende, il naquit à Larchant au IIIe siècle et accomplit de nombreux miracles à Rome. Il guérit notamment la princesse Théodora, possédée par le démon. À sa mort, il fut rapatrié dans sa ville natale. L'édifice constituait aussi une halte pour les pèlerins qui se dirigeaient vers Saint-Jacques-de-Compostelle.

La basilique reste, aujourd'hui encore, une construction tout à fait surprenante avec sa partie en ruine n'abritant plus que des colonies d'oiseaux, qui survolent voûtes et piliers en toute liberté. Ce sont eux qui profitent aujourd'hui du beffroi et des merveilles qui ont résisté au temps, comme le portail du Jugement dernier ou les statues des saints. La deuxième partie, qui a survécu aux aléas de l'histoire, est l'église du village. Ce contraste fait de la basilique de Larchant un monument hors du commun, que je vous conseille fortement de visiter.

Adresse 2 place Pasteur, 77760 Larchant, www.larchant.com | **Accès** De Fontainebleau, D152, D16 | **Horaires d'ouverture** Ouverte dans la journée et pendant les messes | **À savoir** À la limite du village se trouve la ferme du Chapitre, également très intéressante à visiter.

57__Le marais de Larchant

De l'eau, des roseaux, des oiseaux

À quelques kilomètres du village s'étend l'une des deux seules réserves naturelles privées en France, le marais de Larchant. Caché au milieu de la forêt, c'est un lieu unique dont l'histoire remonte aux Gallo-Romains. En effet, à l'époque antique, le marais abritait un sanctuaire dédié au culte de l'eau qui fut christianisé sous l'égide de saint Mathurin. Il devint propriété des chanoines de Larchant en 1005, qui développèrent l'agriculture, la pisciculture ainsi que l'exploitation des roseaux et des saules sur les 300 hectares que comptait le domaine.

Pour la famille Lemaigre-Dubreuil, dont les descendants sont toujours propriétaires, l'aventure a commencé en 1938 avec l'idée de protéger et de faire évoluer cet environnement exceptionnel. Ainsi, au fil des années, ils ont dû lutter contre l'eutrophisation des eaux et la prolifération de la végétation, notamment des saules qui envahissent régulièrement l'espace. En 1980, par exemple, ils décidèrent de creuser un ensemble de nouveaux canaux afin de régénérer le biotope. Ils ont également introduit des bœufs Highland et des chevaux de Camargue qui aident, à leur manière, à sauvegarder cette zone humide.

Aujourd'hui, le marais comprend quatre secteurs : la réserve intégrale qui évolue sans intervention humaine, la grande roselière où vivent les bœufs à l'état semi-sauvage, la partie pêche où se trouvent les chevaux, et le Chalumeau, une dune qui abrite une flore et une faune très particulières. Le marais est aussi le rendez-vous incontournable de dizaines d'espèces d'oiseaux et d'insectes : 44 sortes de libellules y ont été recensées, dont la très rare Leucorrhine à gros thorax. Les oiseaux migrateurs ne sont pas en reste : des spécimens uniques s'arrêtent dans la réserve, tels que les busards des roseaux. Le marais n'étant accessible au public que quelques jours par an, lors de visites guidées, c'est une vraie chance de pouvoir découvrir cet écosystème totalement préservé.

Adresse Route de Villiers, 77760 Larchant, tél. 06 30 39 67 92, www.maraisdelarchant.fr, contact@maraisdelarchant.fr | **Accès** De Fontainebleau, D417, D607, puis route de Villiers après les écuries du marais | **Horaires d'ouverture** Le marais de Larchant propose huit visites guidées par an sur réservation, visible sur le planning du site. En dehors de ces dates, la réserve est strictement interdite au public | **À savoir** Si vous voulez continuer la journée dans la nature, je vous propose d'aller manger à l'auberge de la Dame Jouanne, qui se trouve au cœur de la forêt de la Commanderie (77760 Larchant).

58 L'église Notre Dame-de-l'Assomption

La « Sixtine » de Lesches

Il n'y a pas qu'à Pise que les tours penchent ! À Lesches, le clocher de l'église présente aussi un faux aplomb, ce qui n'est pas son seul atout. Il faut ouvrir les portes et pénétrer à l'intérieur pour découvrir le trésor qui s'y cache : une fresque monumentale. Réalisée par l'artiste locale Nicole Michigan, elle représente plus de 230 scènes de la Bible, couvrant l'ensemble des murs du bâtiment.

L'aventure commence dans les années 1980. L'église était fermée au public par arrêté de mise en péril, mais Nicole Michigan eut la chance d'y pénétrer grâce à l'aide de l'aimable garde champêtre. Profondément croyante, elle a comme une révélation ; elle doit absolument y réaliser quelque chose. Sans même s'attarder sur les détails techniques – l'église est toujours inaccessible – elle reprend la Bible du chanoine Crampon et, peu à peu, met en forme son projet qu'elle dessine sur de grandes nappes en papier. La pugnacité finit toujours par payer : des travaux furent entrepris afin de sécuriser les lieux, permettant à Nicole Michigan de réaliser cette œuvre immense qu'elle avait ardemment souhaitée. Entre la conception et la mise en œuvre, cette réalisation pharaonique lui prendra dix ans, dont six sur place.

Le résultat est une fresque aux couleurs vives, conçue selon le précepte de Platon « mettre l'unité dans la variété et la variété dans l'unité ». Chaque scène est en effet différenciée par une couleur spécifique, tandis que l'ensemble concourt à démontrer que Jésus est bien le messie venu sur Terre. Un autre choix fondamental pour la peintre fut d'associer les habitants du village et de les prendre comme modèles, créant ainsi une vraie émulation autour du projet. Elle ne laissa rien au hasard, même les vitraux firent l'objet d'un travail extrêmement soigné. Elle qui, petite, gravait et peignait sur les murs de la maison familiale, a trouvé à Lesches un endroit à sa mesure.

Adresse 7 rue François-de-la-Chapelle, 77450 Lesches | **Accès** D603, N3, D27, D89, D45A | **Horaires d'ouverture** En groupe et sur rendez-vous auprès de l'association Pour la Sixtine de Lesches (55 rue du pont-de-Try, 77450 Lesches, tél. 07 67 43 35 73) ou en mairie, tél. 01 60 43 81 98. Ouvert pour les journées du patrimoine et pour des événements particuliers | **À savoir** Vous pouvez également retrouver les réalisations de l'artiste dans l'église de Chanteloup-en-Brie, dans celle de Saint-Faron à Meaux et à l'école Jules Ferry à Esbly (mosaïque sur la façade).

59_Les fresques street art
Des murs qui nous parlent

Depuis 2015, les habitants de Lieusaint ont vu se colorer les murs de leur ville grâce au festival Wall Street Art, qui propose à des artistes de réaliser des œuvres monumentales sur les façades des communes du Grand Paris Sud. Selon leur inspiration, les créateurs, venus des quatre coins du monde, ont ainsi commencé à remodeler le paysage urbain à leur manière.

À Lieusaint, l'Anglais David Walker a été le premier à répondre présent. Ce spécialiste des portraits hyperréalistes a choisi de faire le portrait d'une jeune femme nommée Yuli, en réalité une adaptation du logo de la ville. Avec lui, c'est du bleu plein les yeux ! Puis ce fut le tour de TWOONE. Passionné de faune et de flore, l'artiste japonais s'est inspiré de l'actualité du territoire pour sa création, dans laquelle il évoque la disparition des aigrettes dans le bassin de la Motte, une réserve naturelle. Autour de l'oiseau se trouve, en filigrane, le message qu'il vous adresse – à vous de le déchiffrer !

Avec *L'Escalier*, fresque pleine d'humour en apparence, l'Italien Agostino Iacurci interroge les relations entre les hommes et leur environnement. Fait amusant, les enfants des écoles alentour ont baptisé le chien situé dans la maison Capuccino ! L'artiste russe Zmogkz, lui, a travaillé sur le thème de l'émoi amoureux. Largement abstraite, cette réalisation aux couleurs vives cache cependant une tête de femme à trouver. Enfin, c'est Lady M, une Parisienne, qui a donné cours à son imagination sur l'un des murs de l'université : son style, l'abstraction figurative ; son travail, l'homme et son rapport à l'univers.

Je vous conseille de débuter cette balade à travers les différents styles en commençant par celle de David Walker. Pour l'admirer, vous pouvez vous installer dans le jardin de la médiathèque ou sur la terrasse du café d'à côté. Ensuite, à vous de choisir votre moyen de locomotion, mais le plus sympa reste le vélo – sous le soleil, c'est top !

Adresse 75 rue de Paris (David Walker), avenue des Platanes (TWOONE et Agostino Iacurci), 137 rue de Grands-Champs (ZMOGK) et 36-37 rue Georges-Charpak (Lady M), 77657 Lieusaint | **Accès** À partir de Corbeil-Essonnes, N104, D50 | **Horaires d'ouverture** Libre accès, plan disponible en mairie | **À savoir** Tous les ans, de nouveaux artistes viennent se joindre à l'aventure et investissent de nouveaux murs à Lieusaint, mais aussi à Evry-Courcouronnes, Savigny-le-Temple ou encore Ris-Orangis.

60__Le cimetière
La dernière demeure de Marie-Louise

Situé sur les hauteurs de la ville, à proximité du canal de l'Ourcq, le cimetière de Lizy-sur-Ourcq a la particularité de regrouper, depuis la fin du XIXᵉ siècle, les tombes des grandes familles circassiennes. Marie-Louise Bouglione fut la première à être enterrée en terre lizéenne. La légende veut que, mourante, elle formulât le vœu d'être inhumée dans la commune. Qu'elle l'ait expressément demandé, rien n'est moins sûr. Ce qui est certain, c'est que, contrairement à l'usage à l'époque, le maire de la ville accepta qu'une saltimbanque soit mise en terre dans le cimetière municipal. En effet, avant 1897, les gens du voyage n'avaient pas le droit d'être enterrés avec les autres et avaient pour tradition de brûler le corps du défunt avec sa roulotte. Par la suite, d'autres familles prirent l'habitude de se faire inhumer à Lizy-sur-Ourcq et en 1976, pas moins de 25 tombes circassiennes se trouvaient dans le cimetière.

La plus imposante et la plus belle abrite également des membres de la famille Bouglione. On ne peut pas la manquer, car elle se trouve au milieu du cimetière. Elle fut commandée par Joseph, le fils de Marie-Louise. Commencée juste avant la Seconde Guerre mondiale, elle ne fut achevée qu'en 1945. La sépulture représente un énorme « B » en trois dimensions, édifié en granite noir bleuté. Elle rassemble aujourd'hui plusieurs dizaines de défunts et notamment Rosa Bouglione, la « reine incontestée du cirque », décédée en 2018 à l'âge vénérable de 107 ans.

Les tombes extraordinaires sont nombreuses dans le cimetière, toutes aussi impressionnantes les unes que les autres. Il y a les grands mausolées, les chapelles vitrées ou les tombes plus modestes, couvertes d'innombrables photos et objets. C'est tout l'univers du cirque et son exubérance qui sont représentés dans cet endroit pas comme les autres. À vous, au cours de cette visite, de trouver les Zavatta, les Falk, les Van Been et tous ceux qui sont partis rejoindre le paradis des circassiens.

Adresse Avenue du chemin-noir, 77440 Lizy-sur-Ourcq | **Accès** D401, D147 | **Horaires d'ouverture** Lieu en libre accès. Visites guidées sur rendez-vous directement en mairie, tél. 01 60 01 70 35 ou accueil@lizy-sur-ourcq.com | **À savoir** Vous pouvez également voir les tombes de la famille Harrouard qui, en 1840, céda ce terrain à la ville pour accueillir le nouveau cimetière.

61_Le Quai des Brumes
Un p'tit coin d'paradis

Envie d'un déjeuner ou d'un dîner bucolique en bord de Marne ?
J'ai une adresse parfaite pour vous : Le Quai des Brumes à Mary-
sur-Marne, idéalement situé en surplomb de la rivière. Accessible
à pied, à vélo, ou en voiture, il l'est également en bateau, puisqu'un
ponton attend les plaisanciers en contrebas du restaurant. Très sympathique pour une petite halte culinaire quand on a navigué toute
la journée.

Cet établissement est le bébé de Charles Balana. En 1987, celui-ci
décida de transformer une partie de son domicile en restaurant, qu'il
nomma Le Quai des Brumes – nom inspiré par une rétrospective sur
la carrière de Jean Gabin. Il est vrai qu'en pénétrant dans les lieux,
le nom sonne comme une évidence, puisque le film aurait pu y être
tourné. Un déjeuner au Quai des Brumes, c'est un voyage dans le passé
où le décor vous fait passer de la couleur au noir et blanc.

C'est cette atmosphère un peu surannée qui plaît tant à la clientèle, car ici, vous êtes reçu comme dans l'temps. Chacun, au fil des
années, a pris ses habitudes, à l'image de ce client qui déjeune tous
les mardis et tous les jeudis sans exception aux mêmes tables ; à la
quatre quand il est seul, à la neuf lorsque son épouse l'accompagne.
Mais pas de panique ! Les nouveaux venus ne sont pas négligés pour
autant. Côté cuisine, c'est Lila, la femme de Charles, qui concocte
des petits plats traditionnels de qualité. Si la carte change peu pour
ne pas froisser les habitués – toujours un peu grognons en cas de
modification –, elle sait faire évoluer ses menus par des suggestions
sans cesse renouvelées.

Que vous préfériez manger à l'intérieur ou au soleil sur la jolie terrasse, mieux vaut penser à réserver car l'endroit est vite bondé, même
pour le repas du midi. Vous serez servi par le maître des lieux en
personne, mais également par Anthony et Florianne, qui vous feront
partager leur gentillesse et leur bonne humeur.

Adresse 4 quai Jacques-Papin, 77440 Mary-sur-Marne, tél. 01 60 01 18 26 | **Accès** De Meaux, D603, D17 | **Horaires d'ouverture** Le mardi, jeudi et vendredi de 12 h à 13 h 45 et le samedi et le dimanche de 12 h à 13 h 45 et de 19 h à 20 h 45 | **À savoir** Le vendredi, c'est poisson, comme l'exige la tradition !

62 Le parc à fabriques

Noblesse oblige !

Qu'ont en commun une pyramide, la tombe de l'amiral de Coligny et un pont-levis ? La réponse vient de Mauperthuis : tous ont pour origine la famille Montesquiou-Fezensac. Si ce nom ne vous évoque rien, celui de d'Artagnan, qui s'est illustré comme mousquetaire sous les règnes de Louis XIII et de Louis XIV, ne vous est sûrement pas inconnu puisqu'il reste encore aujourd'hui l'un des personnages les plus célèbres de la littérature française. Peu avant la Révolution, les descendants de cette illustre famille décidèrent de transformer profondément leur domaine en terres briardes : ils déplacèrent le village, bâtirent un nouveau château et créèrent un parc à fabriques – un jardin agrémenté de constructions ornementales. Pour ces réalisations grandioses, ils s'adressèrent aux meilleurs architectes, Ledoux, très en vogue à l'époque, et Brongniart, dont le palais du même nom est l'un des monuments les plus connus de Paris.

C'est ainsi qu'en sortant du village par la D402 à hauteur du moulin de Mistou, vous pouvez découvrir les premières de ces constructions. La plus étrange est la pyramide, conçue dès l'origine comme une ruine. C'est en fait la sortie d'un souterrain qui passe sous la route et qui représente, selon les codes maçonniques, l'épreuve de la régénération. Devant se trouvait le tombeau de l'amiral de Coligny, aujourd'hui disparu.

Quelques centaines de mètres plus loin, au lieu-dit Le Paradis, ce sont les restes d'un pont-levis que vous pourrez admirer. Pour y accéder, il faut prendre le chemin jusqu'à l'Aubetin. Cette construction permettait de passer au-dessus du sentier sans que ces nobles personnages aient à croiser les manants occupés à rejoindre le gué. Enfin, en remontant la route vers le rond-point, vous arriverez jusqu'à la plus haute de ces fabriques, l'obélisque. Certaines ont été détruites, mais celles qui sont restées permettent de s'imprégner de ce que pouvaient être les parcs d'agrément au XVIIIe siècle.

Adresse Le long de la D402, 77120 Mauperthuis | **Accès** A4, N36, D402 | **Horaires d'ouverture** Libre accès sur la partie non privée. Toutes les fabriques évoquées sont visibles de la route. Informations à l'office du tourisme de Coulommiers, tél. 01 64 03 88 09, www.coulommierspaysdebrie-tourisme.fr | **À savoir** Au centre du village, l'église avec son clocher franc-comtois et la fontaine sont également des témoignages du grand projet du marquis de Montesquiou.

63___Les 3 Givrées
La gourmandise n'est plus un défaut

J'ai découvert Les 3 Givrées le jour de la préparation des fruits. Tout le monde s'activait à l'épluchage des coings – pas une mince affaire pour ceux qui connaissent le spécimen ! Ce n'est pourtant pas un problème pour ces fabricants de glaces, car les créateurs de cette « entreprise amicale » ont décidé de travailler dans les règles de l'art et de miser sur la qualité.

En effet, ce sont trois jeunes couples d'agriculteurs, installés au cœur du pays de l'Ourcq, qui ont eu l'idée de s'associer pour fabriquer leurs glaces directement à la ferme. Aucun n'avait d'expérience dans le domaine, mais les jeunes gens ont mutualisé leurs compétences pour que chacun puisse trouver sa place au sein du projet. C'est ainsi que, depuis 2017, ils proposent toute une gamme de glaces et de sorbets sous le nom Les 3 Givrées dans le petit village de May-en-Multien.

Chez eux, les recettes sont simples. Pour les glaces, ils utilisent le lait des vaches Holstein qu'Hugues et Emmanuelle élèvent à Germigny-sous-Coulombs. La crème, préparée à la ferme, est mélangée aux œufs qui viennent du département de l'Oise tout proche. Il n'y a plus qu'à rajouter le parfum, chocolat, café ou vanille pour obtenir des glaces onctueuses à souhait. Pour les sorbets, la préparation est faite exclusivement avec des fruits de saison et bien mûrs pour qu'ils dégagent toute leur saveur. Là encore, la proximité est de mise, même si pour certains fruits, comme les agrumes, il faut aller un peu plus loin.

Alors dans ce temple du plaisir, le plus difficile est de choisir. Les plus traditionnels retrouveront les grands classiques, avec, pour moi, un petit faible pour la glace au nougat. Pour les amateurs de sorbets, le choix sera véritablement cornélien. Vous dirigerez-vous vers la pomme ou la poire, la fraise ou la framboise ou encore la pêche ou l'abricot, ou tenterez-vous le fameux sorbet aux coings qu'ils ont mis tant de soin à préparer ?

Adresse 30 rue du Pré-Gault, 77145 May-en-Multien, tél. 01 60 25 34 89, www.les3givrees.fr, les3givrees@gmail.com | **Accès** De Meaux, D2405A, D405 | **Horaires d'ouverture** Le vendredi de 16 h à 18 h 30 et le samedi de 10 h à 12 h et sur rendez-vous | **À savoir** Pour déguster les glaces Les 3 Givrées dans un cadre très agréable, rendez-vous à Meaux au salon de thé Un Air de Famille.

64 La Petite Boutique
Charmant shopping

Vous habitez dans la région de Meaux et vous cherchez un magasin de décoration qui n'appartient pas à une chaîne et qui ne se situe pas dans une zone industrielle ? Alors laissez-moi vous parler d'une perle : La Petite Boutique de May-en-Multien. Pour la trouver, vous n'aurez pas à tourner longtemps dans des rues sans noms, car elle se situe à l'entrée du village, au cœur d'une magnifique ferme briarde. Il suffit alors de passer le porche pour pénétrer dans le royaume de Clémence Garnier.

Cette jeune femme pleine d'entrain, qui a tenu une autre boutique de décoration à Coulommiers pendant sept ans, a créé ce lieu en 2017. Fatiguée par les allers-retours et le rythme soutenu après la naissance de ses enfants, elle a décidé de recréer son commerce au sein de la ferme familiale afin de mieux concilier sa vie de maman et sa vie professionnelle. Pari gagné, car, à La Petite Boutique, tout s'entremêle dans la bonne humeur, et il n'est pas rare de voir débouler ses deux petits garçons, toujours prêts à poser mille et une questions.

Pour le cadre, La Petite Boutique est très loin des hangars standardisés des centres commerciaux, puisqu'elle est installée dans les anciennes écuries pour chevaux de selle. Les boxes, laissés dans leur jus, divisent la boutique en petites alcôves où Clémence crée, selon son inspiration, des ambiances différentes. Il y en a même une exclusivement destinée aux enfants, de quoi ravir les plus petits ! Elle y propose des objets tendance, *made in* France, dans la mesure du possible. Elle travaille notamment avec l'atelier Sophie Janière, qui fabrique des torchons, plateaux et autres pochettes en Loire-Atlantique de façon artisanale. C'est un vrai plaisir de venir flâner dans cet espace doux et coloré où se mélangent décoration, jeux pour enfants, produits régionaux, bijoux, savons et parfums d'intérieur et où vous serez sans aucun doute reçus avec chaleur et enthousiasme.

Adresse 1 rue de Lizy, 77145 May-en-Multien, tél. 06 28 53 56 97, www.facebook.com/
lapetiteboutiquedemay/, clemence-garnier@live.fr | **Accès** De Meaux, D2405A, D405 |
Horaires d'ouverture Vendredi et samedi de 10 h à 12 h et de 14 h à 18 h | **À savoir** Puisque
les confinements de 2020 ont relancé la mode des puzzles, vous en trouverez de très beaux
à La Petite Boutique, notamment ceux de la marque DJECO.

65 La bibliothèque diocésaine
Une bibliothèque sur pilotis

Il y a des rues dans lesquelles on ne pénètre jamais. Grave erreur, car on peut y trouver des merveilles. C'est le cas de la rue de Chaâge, qui cache la bibliothèque diocésaine – même son austère façade ne vous prépare pas à la surprise qui vous attend à l'intérieur. En effet, une fois l'entrée passée, c'est une extraordinaire chapelle Art déco qui s'offre à vous.

La chapelle a vu le jour en 1936 à la demande de l'évêque de Meaux pour le grand séminaire. L'ancienne était trop petite pour accueillir la soixantaine de séminaristes qui vivaient au sein de l'institution. Il confia la réalisation à un natif de la ville, l'architecte diocésain Henri Faucheur. Celui-ci choisit de l'édifier dans un style radicalement moderne, en utilisant notamment le béton armé pour la structure. Il collabora avec des artistes majeurs de son époque comme le maître verrier Louis Barillet, dont les ateliers parisiens étaient à l'avant-garde des arts décoratifs, et le peintre Georges Desvallières, qui travailla à l'intégration de l'art contemporain dans les églises.

Au début des années 1960, le grand séminaire est fermé et les fonds et collections de la bibliothèque dispersés. Il faut attendre 1976 pour qu'ils soient reconstitués et relocalisés au sein même de la chapelle. Le bâtiment comprend aujourd'hui une pièce d'accueil et la réserve. Composée d'environ 75 000 ouvrages dont 200 volumes très précieux, elle est installée sur une immense mezzanine qui court tout le long de la nef. Quelle surprise lorsque la porte s'ouvre sur cette véritable bibliothèque suspendue et que vous vous trouvez face à la superbe fresque de Georges Desvallières ! En bas de la structure, l'archivage est tout aussi inattendu, car ce sont les stalles et les prie-Dieu qui servent de rayonnages. Cet agencement n'est pas du goût de tout le monde, car pour certains, la chapelle aurait dû rester dans son état originel. Qui a tort, qui a raison, ce sera à vous de juger !

Adresse 20 rue de Chaâge, 77100 Meaux, tél. 01 60 23 24 46 | **Accès** Boulevard Jean-Rose, rue Saint-Faron, rue Georges-Lugol | **Horaires d'ouverture** Visites sur rendez-vous | **À savoir** Vous pouvez compléter la visite en vous rendant rue Saint-Rémy, où se trouvait le grand séminaire de Meaux jusqu'en 1905. La chapelle, datant de la fin du XVIe-début du XVIIe siècle, a fait l'objet d'une belle restauration. Elle est classée aux monuments historiques depuis 1913.

66_ La Brûlerie
L'esprit de famille

Dans le quartier de la cathédrale, au 4 de la petite rue Saint-Christophe, se trouve la Brûlerie, un de mes endroits favoris à Meaux. Mi café, mi salon de thé, c'est avant tout « un lieu d'écoute et de partage où l'on prend le temps de se poser » comme le dit Frédéric Delarose, son propriétaire.

Pourtant, les débuts de cette affaire familiale ont été plutôt mouvementés. À la fin des années 1970, les parents de Frédéric Delarose, travaillant dans la même entreprise, furent tous les deux licenciés. À 55 ans, c'est la catastrophe ! Heureusement, son père a l'idée peu banale de se lancer dans la torréfaction du café. C'est ainsi que le 21 février 1978, par un jour de neige, le couple ouvrit la brûlerie. Les débuts furent difficiles et les enfants obligés de venir à la rescousse, jonglant entre les études et le magasin. Mais miracle, un premier café plus ou moins réussi sortit de la machine, et la Brûlerie s'installa progressivement dans le cœur des Meldois. Aujourd'hui, la Brûlerie fait partie des plus vieux commerces toujours en activité à Meaux, avec pour mot d'ordre la passion. Dans ce petit local, on crée, on améliore, on conseille et surtout, on apprend aux clients à aimer les bons produits. Pour le café, Frédéric Delarose prospecte dans toute l'Europe afin de trouver les meilleurs grains. Ils sont torréfiés sur place dans le gros torréfacteur rouge, pièce emblématique des lieux, au plus près du consommateur. Le thé, quant à lui, est acheté en Allemagne auprès des entreprises Sinas et Mount-Everest, bien connues des amateurs, ce qui permet à la Brûlerie de proposer depuis 2019 les 10 meilleurs thés au monde.

Les gourmands ne passeront pas à côté des pâtisseries faites maison et servies généreusement. Ici, pas de régime qui tienne, tout est plaisir ! Et cela a des chances de durer encore longtemps car, avec Clément, le fils de Frédéric, la troisième génération est arrivée. La relève est assurée et l'aventure peut continuer.

Adresse 4 petite rue Saint-Christophe, 77100 Meaux, tél. 01 64 34 69 87, brulerie-meaux@gamil.com, www.brulerie-meaux.fr | **Accès** Accessible de la cathédrale par la rue Saint-Étienne ou la rue de la Cordonnerie | **Horaires d'ouverture** Du mardi au vendredi de 10 h à 19 h 30, le samedi de 9 h 30 à 20 h | **À savoir** Pour vous y rendre, partez de la cathédrale via la rue de la Cordonnerie, rue très agréable qui regroupe des boutiques indépendantes, devenues rares dans les centres-villes. Vous pouvez même vous y rendre à vélo, car la municipalité en loue depuis 2020 à la mairie et sur le boulevard Jean-Rose.

67__Le collège Sainte-Marie

Les « Chiche-Capon » n'ont pas disparu !

Le collège Sainte-Marie est une institution religieuse présente de longue date à Meaux. D'abord couvent des Visitandines qui s'y installèrent à partir de 1631, l'édifice accueillit le petit séminaire à partir de 1874, date à laquelle l'évêque de Meaux racheta le domaine. En 1887, on y construisit un imposant bâtiment qui devint le cœur de l'établissement. Au fil des années, les séminaristes furent remplacés par des élèves, dont certains devinrent célèbres. C'est le cas de l'écrivain et scénariste Pierre Véry, pensionnaire en 1913.

Derrière les hauts murs d'enceinte, il créa, avec ses amis, une société secrète baptisée les « Chiche-Capon ». Entre eux, l'ambiance était très gaie et l'un de ses camarades raconta plus tard que la bande s'amusait follement et que les fous rires étaient si fréquents qu'un professeur de grec, excédé, avait sermonné son élève en lui disant « Mon ami, vous passez votre temps à faire des calembours infects », ce qui fit s'esclaffer de plus belle la bande de joyeux drilles.

De tous ses souvenirs, l'écrivain fit un roman à destination de la jeunesse, *Les Disparus de Saint-Agil*, paru en 1935. Le livre narre les aventures de trois élèves, André Baume, Mathieu Sorgue et Philippe Macroy, enquêtant sur de mystérieuses disparitions avec, en toile de fond, une description fidèle de son école de Meaux. Le plus étonnant dans cette histoire, c'est que 100 ans plus tard, rien n'a changé ou presque dans l'établissement ! Accompagnée de Bertrand Thomas, ancien directeur, j'ai suivi les pas de nos trois compères, longeant les mêmes couloirs pour découvrir le bureau de l'étrange directeur et la fameuse porte par laquelle il kidnappait les élèves.

Si vous avez la possibilité de pénétrer au sein de l'établissement, prenez le temps d'admirer le très beau bâtiment des Visitandines, ainsi que le grand porche et son fronton triangulaire timbré de l'emblème de leur ordre et qui donne sur la rue de Chaâge. Mais surtout, rappelez-vous que d'autres « Chiche-Capon » vous observent…

Adresse 40 rue Alfred-Maury, tél. 01 60 09 87 77 | **Accès** Accessible par la place de l'Hôtel-de-Ville, le cours de Verdun, le cours Pinteville, l'avenue Clémenceau et la rue Jeanne-d'Arc | **Horaires d'ouverture** Le collège Sainte-Marie est un établissement privé et ne peut être visité qu'avec une autorisation | **À savoir** Si vous aimez le roman de Pierre Véry, il existe, pour les cinéphiles, une excellente adaptation de Christian-Jaque sorti en 1938 avec Erich von Stroheim, Michel Simon et Marcel Mouloudji.

68__Le parc du Pâtis

Un jardin au fil de l'eau

Tout le monde connaît le célèbre parc Disney à Marne-la-Vallée, mais rares sont ceux qui savent que, dans les années 1950, la ville de Meaux a pu s'enorgueillir de son propre parc d'attractions, le Joy Parc. Situé sur d'anciennes carrières en bord de Marne, il fut créé en 1955 par André Lévy, le propriétaire des lieux. Les activités et les décors proposés étaient plutôt hétéroclites, puisqu'on y trouvait aussi bien une reconstitution du vieux Paris qu'une baleine géante. Malheureusement, le *business plan* – comme on dit aujourd'hui – était plus que défaillant et le parc a dû fermer ses portes moins de deux ans après sa création. Le site fut ensuite abandonné et devint un terrain vague, véritable verrue au milieu de la ville. Il fallut attendre 2006 pour qu'un nouveau projet voie le jour.

Les habitants de Meaux furent agréablement surpris d'apprendre que la municipalité envisageait la création d'un parc naturel car, à l'époque, la commune ne disposait que du petit jardin Bossuet près de la cathédrale, ce qui représentait peu d'espaces verts pour une ville de 50 000 habitants. Depuis, les choses ont bien changé, et le Pâtis est devenu le plus grand parc urbain d'Île-de-France avec ses 150 hectares, dont 90 transformés en réserve naturelle.

Parfait pour les joggeurs avec ses 14 kilomètres de sentiers, il l'est aussi pour les flâneurs qui peuvent s'attarder devant les fleurs sauvages ou les points d'eau pour faire de belles photos. Il est également idéal pour les passionnés de nature, puisqu'il regroupe aujourd'hui plus de 70 espèces d'oiseaux et de nombreuses plantes dont certaines très rares. Dans ce cadre verdoyant, les familles sont aussi les bienvenues. En effet, de grands espaces de jeux ont été aménagés à différents points du parc, ainsi qu'une jolie plage donnant sur la Marne au niveau de l'entrée principale. Pour ceux qui le veulent, il est aussi possible de louer des vélos. De quoi occuper les belles journées d'été !

Adresse Entrée principale, avenue de la Marne, 77100 Meaux | **Accès** Depuis la place de l'Hôtel-de-Ville par le quai Victor-Hugo, le quai Jacques-Prévert ou l'avenue du Maréchal-Foch | **Horaires d'ouverture** Ouvert 24h/24. Des visites guidées sont proposées de mai à septembre sur réservation au 06 08 69 11 82 | **À savoir** La visite du jardin Bossuet, un jardin à la française entouré d'une double rangée de tilleuls centenaires et dont les parterres, renouvelés chaque année, représentent une mitre d'évêque, est également vivement conseillée.

69 Le musée de la gendarmerie

Youyou, c'est la maréchaussée !

Cet ancien bâtiment de caserne est aussi impressionnant de l'extérieur que spectaculaire à l'intérieur. Immédiatement reconnaissable derrière un parvis ultramoderne, sa façade arbore, sur 5 mètres de haut, une immense grenade cuivrée, emblème de ce corps d'État créé au début de la guerre de Cent Ans afin de maintenir l'ordre et la discipline au sein des armées royales. Il faut dire qu'à l'époque étaient enrôlés paysans et mercenaires qui multipliaient pillages, viols et autres méfaits sur leur propre territoire. Le roi y mit fin avec la création de cette police des armées. Une fois la paix revenue, la maréchaussée perdura et évolua au cours des siècles pour aboutir à ce que nous connaissons aujourd'hui.

C'est autour d'une vitrine suspendue de 18 mètres de long et 8,5 de haut, unique en Europe, que s'articule l'exposition. Vous y suivez l'évolution de l'équipement et de l'armement du gendarme, depuis le XIVe siècle jusqu'à nos jours. Imaginez qu'au Moyen Âge, ces « gens d'armes » se déplaçaient en armure et que chacun devait s'équiper à ses frais !

À chaque mannequin correspond une salle où sont exposés des objets, tels des poussettes (ancêtres des menottes), des textes (le brevet de vainqueur de la Bastille), des portraits ou des histoires en relation avec la période correspondante, comme celle relatant l'arrestation de la fameuse bande à Bonnot. Rappel des faits : Jules Joseph Bonnot, anarchiste et criminel français, multiplia avec sa bande braquages et meurtres autour des années 1910 et laissa longtemps police et gendarmerie impuissantes, jusqu'au 28 avril 1912 où le lieutenant Fontan trouva la solution pour l'approcher et mettre un terme à ses exactions.

Bien d'autres témoignages sur notre histoire nationale jalonnent ce parcours, qui est aussi alimenté par des expositions temporaires très sympathiques, comme celle sur les gendarmes et le cinéma ou les reconstitutions Playmobil qui réjouissent les petits comme les grands.

Adresse 1-3 rue Émile-Leclerc, 77000 Melun, tél. 01 64 14 54 64, www.gendarmerie. interieur.gouv.fr, musee@gendarmerie.interieur.gouv.fr | **Accès** De Fontainebleau, D606 | **Horaires d'ouverture** Ouvert tous les jours sauf le mardi, du 1er octobre au 31 mars de 10 h à 17 h 30 et du 1er avril au 30 septembre de 10 h à 18 h. Visites guidées pour les groupes à l'office du tourisme de Melun, tél. 01 64 52 64 52 | **À savoir** Pour les fans de bolides, vous pouvez voir le replay de l'émission *Vintage Mecanic* sur la restauration d'une Alpine A310 de la gendarmerie.

70_ L'ermitage orthodoxe Notre-Dame-de-Kazan

Un petit bout de Russie

C'est en revenant d'une visite que j'ai découvert par hasard l'ermitage orthodoxe Notre-Dame-de-Kazan. Dressée le long de la départementale 126, l'étrange forme de son église m'a tout de suite interpelée. Pas de parking ni de parvis, l'accès au bâtiment se fait par un chemin qui longe des champs de blé et qui se pare, à la belle saison, de fleurs sauvages.

L'ermitage orthodoxe fut créé en 1938 par le père Euthyme, membre de la diaspora russe venue se réfugier en France après la révolution de 1917 et l'installation du bolchevisme en Russie. Il trouva ce terrain dans la campagne et reçut l'accord pour y fonder un ermitage. Lieu d'accueil et maison de retraite, ce dernier devint rapidement trop petit. Le père se lança alors dans la construction de maisons en bois et d'un réfectoire. Comme le veut la tradition monastique, la communauté vivait grâce à sa petite exploitation agricole et à son potager. Endroit également dédié à la prière, il y fallait absolument une église, que le saint homme construisit de ses mains pendant vingt ans. Avec la permission des propriétaires, il collecta les pierres dans les champs alentour et, peu à peu, l'édifice sortit de terre. Ce sanctuaire est tout à fait étonnant avec sa forme triangulaire, ses toits multiples et sa coupole en forme de polygone. Son clocheton doré, provenant d'un monastère ukrainien, brille de mille feux sous le soleil d'été, tel un trésor au milieu de la campagne. À l'intérieur, l'église est décorée de peintures murales et d'icônes, dont celle à l'origine de la dédicace de l'ermitage.

Après avoir officié 35 ans, le père Euthyme s'éteignit en 1973. Le lieu connut alors un long déclin et fut complètement abandonné, s'abîmant progressivement. Heureusement, il a été réinvesti à partir de 2005 par le père Ambroise qui, depuis, a entrepris les travaux nécessaires et a pu ainsi ouvrir de nouveau cette petite église.

Adresse 2 chemin du Moulin-de-la-Roue, 77950 Moisenay | **Accès** De Melun D605, D408, D126 à deux kilomètres du village | **Horaires d'ouverture** Dimanche de 10 h à 13 h | **À savoir** Vous pouvez voir de nombreuses croix orthodoxes dans le cimetière municipal de Moisenay. Ce sont les tombes des moines et des laïques qui ont vécu au sein de l'ermitage.

71 Le château d'eau de Surville

À mon eau, tu boiras

Construit sur le point le plus haut de la ville de Montereau-Fault-Yonne, vous ne pouvez pas manquer le château d'eau de Surville qui n'a rien de comparable avec celui de Forges (voir chap. 42), réalisé près de 100 ans auparavant. Celui de Montereau pulvérise les records de hauteur avec ses 42 mètres et ses 6 500 tonnes de béton précontraint. Sa forme est également très particulière : campé sur ses deux immenses piliers, il ressemble à un bipode, cette machine de guerre dans *Star Wars*, prête à se jeter dans la bataille.

Ce géant mis en service en 1962 faisait partie d'un projet beaucoup plus vaste qu'était la construction d'une des premières ZUP – zone d'urbanisation prioritaire – ayant vu le jour en Seine-et-Marne. En effet, dans les années 1950, il était indispensable pour l'État de désengorger Paris et sa proche banlieue car les conditions de vie y devenaient intolérables. Pour répondre au problème, la politique des 3M fut mise en place dans le département : de nouveaux quartiers furent créés dans les trois villes de Meaux, Melun et Montereau-Fault-Yonne. À Montereau, c'est le plateau de Surville et ses 90 hectares qui furent choisis pour l'implantation de ces lotissements. À partir de 1960, on construisit à tour de bras et le béton se répandit partout sur la zone. De 1961 à 1966, on édifia un logement par jour, et les équipements furent prévus pour 25 000 personnes. Le château d'eau, avec sa capacité de 1 500 mètres cubes, permettait d'alimenter 6 600 foyers. Si ces quartiers représentaient, à l'époque, un vrai changement dans les conditions de vie des populations, ils devinrent, au fil des décennies, de véritables ghettos plus ou moins abonnés par les politiques, qui se tournèrent vers d'autres communes pour leurs projets d'expansion. Depuis les années 2000, le quartier tente de se réinventer et de nombreuses tours ont été détruites. Le château d'eau, lui, est resté et domine toujours la ville.

Adresse Place Jean-XXIII, 77130 Montereau-Fault-Yonne | **Accès** De la mairie, prendre la D605, l'avenue de Surville puis la rue des Chesnois | **À savoir** Montereau-Fault-Yonne est aussi, dans le département de la Seine-et-Marne, la capitale de la faïence, avec un musée situé dans les locaux de l'ancienne poste.

72 L'espace Gaïa

Sur le chemin de nos origines

Dans la mythologie grecque, Gaïa est la personnification de la Terre, « le principe d'où sont sorties toutes choses ». Vaste sujet que l'équipe de l'association CRISTAL propose de vous expliquer de façon simple et ludique. Pour cela, en 2016, l'association a investi la chapelle du prieuré Saint-Martin à Montereau-Fault-Yonne. Dans ce lieu, le sacré s'est associé à la science pour raconter les 4,5 milliards d'années d'évolution de notre planète bleue. Avec une approche didactique et pédagogique, les bénévoles de l'association ont créé une scénographie digne des plus grands musées, combinant l'histoire géologique à celle des créatures qui ont peuplé continents et océans depuis la nuit des temps.

Ce lieu unique existe grâce au travail acharné d'un homme féru d'histoire et de géologie, Gilles Goracy. C'est de sa collection privée que tout a commencé. Mais si amasser des fossiles le passionne, il préfère transmettre son savoir, en particulier aux plus jeunes. Alors, lorsque le maire de Montereau lui a proposé cet espace, il a décroché le gros lot. L'association a choisi une présentation chronologique complétée par des expositions temporaires, renouvelées tous les ans. En 2020, par exemple, les dinosaures se sont invités entre les murs du prieuré.

De la reconstitution d'un habitat préhistorique à la fresque sur l'évolution de l'Homme, toutes les informations sont vérifiées et mises à jour au fur et à mesure des nouvelles découvertes. L'association dispose de deux paléontologues du muséum national d'Histoire naturelle de Paris dans ses rangs, ce qui lui permet d'être à la pointe dans son domaine. Alors, si vous avez envie d'en savoir un peu plus sur vos origines, de rencontrer Toumaï et Lucy, de vous mesurer au smilodon ou de découvrir des arthropodes marins vieux de 150 millions d'années, une seule adresse, l'espace Gaïa à Montereau-Fault-Yonne.

Adresse 19 rue du Prieuré, 77130 Montereau-Fault-Yonne, tél. 06 37 07 68 81, www.cristalgaia.com, goracy.gilles@wanadoo.fr | **Accès** De la mairie de Montereau-Fault-Yonne, D403 puis rue de la Colline-Saint-Martin | **Horaires d'ouverture** De 14 h à 17 h 30 le 1er et le 3e samedi de chaque mois, et tous les mercredis et jeudis de 14 h à 17 h | **À savoir** L'entrée et toutes les animations sont gratuites, tout comme l'accès à la bibliothèque.

73__Le hangar Eiffel

Les « Tanguy et Laverdure » du 77

Pour trouver ce hangar conçu et réalisé par les ateliers Eiffel pour une entreprise allemande – car l'Allemagne fut sa première patrie jusqu'à la fin de la Seconde Guerre mondiale –, direction l'aérodrome de Melun-Villaroche. Après la chute du régime nazi, les Alliés récupérèrent ce colosse de 25 mètres de haut comme prise de guerre et le rapatrièrent en France, le reconstruisant presque à l'identique. La fin de la guerre fut le temps de la relance pour l'aviation française. Sous l'impulsion du général de Gaulle, le ministère de la Défense mit à disposition des industriels l'aérodrome de Melun-Villaroche qui devint dès lors, et jusqu'en 2004, centre d'essai pour de nombreux prototypes. L'entreprise Marcel Dassault organisa notamment les premiers vols de l'Ouragan, du Myster et du Mirage.

À la fin des années 1980, ce fut au tour de l'association des mécaniciens-pilotes d'aéronefs anciens de s'installer sur la zone et d'investir le hangar. Depuis, ses membres y rapatrient des avions du monde entier pour leur donner une seconde vie et ainsi préserver le patrimoine aéronautique parfois en piteux état. Parmi ces appareils, certains sont uniques en France, tel le TBM Avenger qui participa à la riposte des États-Unis contre le Japon. C'est sur cet avion que l'ancien président Georges H.W. Bush, plus jeune pilote de l'US Navy, fit ses armes. Il y a aussi le bombardier Dauntless récupéré en Nouvelle-Calédonie, le seul exemplaire existant en Europe, ou l'impressionnant avion russe *Šturmovik*.

Le hangar n'est pas encore accessible au public, mais pendant les meetings qui ont lieu sur l'aérodrome, les 16 énormes portes de 7 tonnes chacune sont ouvertes et les avions sont exposés pour que chacun puisse quand même en profiter. Pour les engins qui peuvent voler, comme cette reconstitution du Blériot faite à partir d'un moteur original et qui devrait prendre à nouveau les airs pour traverser la Manche, c'est direction le ciel !

Adresse Aérodrome de Melun-Villaroche, 77950 Montereau-sur-le-Jard, tél. de l'association 06 80 50 83 60, www.AMPAA.fr, josiane@chable.net | **Accès** De Melun D605, N105, A105, A5B, route du Camp, chemin de Viercy | **Horaires d'ouverture** Voir dates des rencontres auprès de l'aérodrome | **À savoir** L'association l'AMPAA travaille à l'ouverture du hangar à la visite. Pour cela, il faut des moyens et des bras, alors, à vot' bon cœur, m'sieurs, dames !

74_ Le Petit Cormier
Un monde en couleur

Savez-vous ce qu'est un cormier ? C'est un arbre fruitier qui se fait de plus en plus rare. De la famille des rosacées, il donne des fruits appelés cormes, ressemblant à de petites poires, et qui sont consommés « blètes » comme les nèfles. Cet arbre pousse lentement et son bois, très dur, était autrefois utilisé notamment pour réaliser les engrenages des moulins.

À son arrivée dans la commune, Jean Vieillart fut très intrigué par ce nom qui revenait un peu partout. En effet, à Montigny-sur-Loing, il existe une rue et une ruelle des Cormiers, une rue des Bas-Cormiers et un chemin des Cormiers. C'en était trop, il fallait qu'il sache ! Et ce qu'il trouva le passionna tellement que cet arbre est devenu l'emblème de son magasin. C'est ainsi que le 12 décembre 2012, cette ancienne entreprise de bâtiment s'est transformée en un lieu multiforme, à la fois salon de thé, boutique déco et galerie d'art, avec pour ambition de créer du lien et de proposer du beau et du bon.

Dans le salon de thé qui s'étend à l'intérieur et sur deux terrasses, l'équipe vous propose des thés bios Les Jardins de Gaïa, des jus de fruit d'Alain Milliat, des sirops du Jura ou d'excellentes glaces provenant des Mille et Une Glaces à Moret-sur-Loing. Pour la boutique de décoration, direction le Maroc avec ses couleurs vives, bleu, vert, jaune, rose… Tous les objets sont faits là-bas, artisanalement, à partir des matières recyclées. Les articles en verre sont ainsi produits avec des bouteilles d'Heineken. Quant à la galerie, ouverte à tous les publics, tous les types d'art y sont exposés. L'été, des sculptures prennent place sur la grande terrasse, parmi les clients.

Que fait le cormier dans tout ça ? Eh bien il n'est jamais loin ! Je vous l'ai dit, chez monsieur Vieillart, c'est une vraie passion. Afin que cet arbre menacé repeuple nos villes et nos campagnes, il offre des boutures en cadeau à ses fidèles clients.

Adresse 2 ruelle des Cormiers, 77690 Montigny-sur-Loing, tél. 01 64 78 27 49, www.lepetitcormier.fr, jean@lepetitcormier.fr | **Accès** De Fontainebleau, D417, D58 | **Horaires d'ouverture** Mars, octobre, novembre du mercredi au dimanche de 10 h à 12 h 30 et de 14 h 30 à 18 h 30 ; d'avril à septembre du mardi au dimanche de 10 h à 12 h 30 et de 14 h 30 et 19 h ; en décembre 7j/7 | **À savoir** Pour une expérience musicale unique, n'oubliez pas l'espace musical et artistique La Loingtaine, qui se trouve également dans la commune.

75___Le sophora du Japon

Un arbre aux super-pouvoirs

Le sophora du Japon, de son nom savant « Styphnolobium japonicum », mais qui est en fait originaire de Chine, fut introduit en Europe vers 1750. C'est le père d'Incarville qui en ramena cinq graines qui furent plantées, entre autres, au jardin des Plantes de Paris, dans le parc du château de Saint-Germain-en-Laye et à Versailles, à côté du Trianon. Il fallut attendre 30 ans pour que l'un d'eux fleurisse et que l'on puisse lui donner un nom.

Celui de Montry est un peu moins vieux, puisqu'il a environ 200 ans – sa présence est attestée sur place dès 1880. C'était, au départ, un beau sophora bien droit, haut d'environ 25 mètres, qui agrémentait les abords du château. Mais ce colosse était bien fragile et commença à plier, pour finir totalement couché en 1937. Cela aurait pu signer la fin du sophora, mais le destin en décida autrement puisqu'une légende s'installa rapidement autour de l'arbre, prétendant que chaque fois qu'un bûcheron tentait de le débiter, ce dernier mourait tragiquement. Vérité ou histoire à dormir debout, toujours est-il que personne n'y toucha plus, lui laissant toute latitude pour marcotter tranquillement et revenir à la vie, tel un phœnix. Avec le temps, il prit cette forme japonisante tout à fait singulière.

Deuxième petit miracle pour le sophora : sa rencontre avec Éric Defer, enseignant à l'EPIDE (centre d'insertion professionnelle) et propriétaire des lieux. Cet historien de formation est aussi passionné par les arbres. C'est lui qui travailla d'arrache-pied pour mettre à l'honneur ce spécimen hors norme : en 2015, il organisa les premières journées du patrimoine ; en 2016, sous son impulsion, une section de l'EPIDE prit le nom de Sophora ; en 2017, consécration, son protégé est labellisé « arbre remarquable » ; en 2019, le sophora devint l'une des stars dans un film consacré aux plus beaux arbres de France. Ce symbole de résilience est aussi devenu un véritable totem pour tous les jeunes qui viennent à l'EPIDE y trouver une seconde chance.

Adresse Avenue du 27-août-1944, 77450 Montry, tél. 01 60 42 17 17 | **Accès** Par la A4 ou la D934 | **Horaires d'ouverture** Visites pendant les journées du patrimoine | **À savoir** À l'EPIDE, il existe une salle Charles de Gaulle, car c'est au château de Montry qu'il reçoit ses galons de général de brigade en juin 1940 et que naît sa conviction de poursuivre le combat face au défaitisme de l'état-major français.

76_La Caravane des Arts
La folie créatrice

À l'ombre de la porte de Samois, il existe une véritable caverne d'Ali Baba. Cette boutique pas comme les autres, c'est La Caravane des Arts, où sont réunis les créations de vingt artistes du cru qui ont décidé de sortir de leurs ateliers et de présenter en personne le fruit de leur travail. Les premières à s'y installer furent des membres de l'association Jeux de Dames, fondée en 2015 à Fontainebleau pour soutenir la création féminine. Elles ont trouvé dans la petite commune morétaine l'endroit parfait pour faire connaître leurs différentes productions. En effet, le cadre de cette ancienne ville médiévale est superbe et la boutique, idéalement située sur l'artère principale.

La Caravane des Arts rassemble aujourd'hui dix-neuf femmes et un homme, car il n'existe aucun sectarisme au sein du groupe. Seule compte l'envie de faire partie d'un projet collectif et de promouvoir l'art sous toutes ses formes. Des articles en céramique côtoient ceux en tissus, en métal, en bois ou en papier. L'art floral se mélange à la photographie et la sculpture à la peinture. Une belle scénographie, réinventée régulièrement, permet de mettre en valeur les productions de chacun ainsi que les réalisations faites « à quatre mains », où différentes techniques sont associées pour créer des objets rares comme l'explique Bérangère Noyau, une des artistes.

Toujours dans un esprit d'ouverture, la boutique reçoit, plusieurs fois par an, un invité qui vient de la région ou de plus loin. L'artiste est présenté lors d'un vernissage, et ses œuvres sont exposées dans la boutique pendant environ trois semaines. Les membres organisent aussi des dédicaces littéraires et participent aux événements locaux. La Caravane des Arts est un petit paradis où chacun peut trouver, selon son budget, des pièces uniques pour faire plaisir ou se faire plaisir. Plus qu'une boutique, c'est un véritable lieu d'échange animé par une équipe de passionnés.

Adresse 3 rue Grande, 77250 Moret-Loing-et-Orvanne, www.facebook.com/
caravane.des.arts.moret, @caravane_des_arts | **Accès** De Fontainebleau, D606, D302 |
Horaires d'ouverture Le mercredi et le dimanche de 10 h à 19 h | **À savoir** Après le bonheur
des yeux, celui des papilles. Dirigez-vous vers le très bon glacier Mille et Une Glaces, qui se
trouve à trois minutes à pied de la boutique.

77 Le donjon

Pour prendre de la hauteur

Vous vous demandez quelle est cette imposante tour carrée qui domine Moret-sur-Loing et ses environs ? C'est un donjon, édifié aux environs de 1160 par Louis VI pour protéger le royaume des comtes de Champagne et de Bourgogne, éternels rivaux des rois de France. En plus de ce rôle défensif, il devint un lieu de résidence que certains monarques comme Philippe Auguste appréciaient particulièrement. Tout au long du Moyen Âge, la ville profita de cette imposante présence et ce n'est qu'au début de la Renaissance que le donjon fut supplanté par des constructions plus adaptées aux exigences royales, comme le château de Fontainebleau.

Jusqu'en 1793, date de son incendie, le donjon connut de nombreux résidents. Certains s'y installèrent pour le plaisir, pendant que d'autres y furent contraints. Parmi les plus célèbres habitants, Sully, ministre d'Henri IV, qui occupa la tour pendant huit ans et entreprit de nombreux aménagements, comme la toiture en pavillon et les jardins. Pour d'autres, le séjour fut moins agréable. C'est le cas de certains templiers qui furent enfermés sur ordre de Philippe le Bel ou, plus tard, du surintendant Fouquet, qui y fut interné quelque temps sous la surveillance de d'Artagnan.

Lorsqu'à la fin du XIXe siècle, Joanne Thirion, l'aïeul de Bruno Truchon Bartes, l'actuel propriétaire, acquit le donjon, ce n'était plus qu'une ruine. Il investit toute sa fortune dans la restauration du bâtiment, décoré dans le style néogothique. Cette passion dévorante ne fut pas sans conséquence, puisque la famille fut obligée de vendre des terres et d'ouvrir le donjon au public pour pouvoir le garder. Aujourd'hui, c'est au tour de Bruno Truchon Bartes de prendre soin de cet héritage. Il en a fait une merveilleuse maison d'hôtes dans laquelle il offre à ses clients une kyrielle d'activités et de prestations toutes aussi surprenantes les unes que les autres telles que des ateliers de fabrication de parfums, des cours d'œnologie ou des concerts privés.

Adresse 15 rue du Donjon, 77250 Moret-sur-Loing, tél. 06 42 05 63 85, www.donjondemoret.com, contactdonjonmoret@gmail.com | **Accès** De Fontainebleau, D606, D302 | **Horaires d'ouverture** Ouvert pour les journées du patrimoine et pour la nuit des châteaux sans rendez-vous. Pour les séjours : sur réservation | **À savoir** À quelques dizaines de mètres du donjon se trouve la maison dans laquelle le peintre impressionniste Alfred Sisley a vécu et a fini ses jours.

78 La Maison du Sucre d'Orge

Le chaudron magique

À Moret-Loing-et-Orvanne, la Maison du Sucre d'Orge est une véritable institution. Située à deux pas de l'église Notre-Dame-de-la-Nativité, à l'angle de la place Royale et de la rue de Grez, cette boutique représente à elle seule un concentré d'histoire. Au XIᵉ siècle, le bâtiment accueillait le Café Saint-Jacques, étape sur le chemin de Compostelle. Au début du XXᵉ siècle, une partie de la façade fut restaurée par un ébéniste local, Pierre Raccolet, qui ne manquait pas d'humour : il signa son travail en réalisant sur le mur un petit rat sortant d'un pot de colle, jouant ainsi sur le symbole de la sculpture au Moyen Âge et sur son propre nom.

Mais la boutique est aussi une histoire humaine : pour retrouver la source de ce fameux sucre d'orge, il faut se rendre place de la Mairie. Dans cette partie de la ville se trouvait le couvent des Bénédictines, à l'origine de la recette. En 1638, ces dernières mirent au point une pastille qui permettait de soulager les maux de gorge. Rapidement adopté, le bonbon devint au fil du temps indispensable aux gorges les plus illustres – la grande Sarah Bernhardt ne pouvait jouer sans en avoir à disposition !

En 1969, les religieuses cédèrent l'activité à la famille Rousseau. Ils étaient sept à travailler ensemble, et toujours selon les méthodes des bénédictines. Aujourd'hui c'est Denis Jullemier (voir chap. 81) qui a repris le flambeau, afin que la tradition perdure. La boutique est l'écrin dans lequel est présentée cette spécialité surprenante, créée à partir d'une céréale et non de fleur ou de fruit. Travaillé exactement comme au XVIIᵉ siècle, c'est un produit totalement naturel, sans colorants ni additifs. Les confiseurs mélangent tout simplement du sucre de betterave avec un sirop d'orge qu'ils préparent selon une recette qui n'a jamais changé. Présentée sous forme de bâtonnets ou de berlingots joliment emballés, la friandise ne manque pas d'adeptes parmi les gourmands.

Adresse Place Royale, 77250 Moret-Loing-et-Orvanne, tél. 01 60 70 24 53, www.deslischocolat.com, deslischocolat.moret@orange.fr | **Accès** De Fontainebleau, D606, D302 | **Horaires d'ouverture** La boutique est ouverte du mardi au samedi de 10 h à 12 h 30 et de 15 h à 18 h (de Pâques à la Toussaint, également le dimanche de 15 h à 18 h) | **À savoir** Pour en savoir plus sur le sucre d'orge, il existe à Moret-sur-Loing un musée dédié à cette confiserie (rue du Pont, 77250 Moret-Loing-et-Orvanne, tél. 01 60 70 41 66).

79__Les Assaisonnements Briards

La moutarde des rois

La moutarde existe depuis l'Antiquité. Au Moyen Âge, celle de Meaux était exclusivement fabriquée par les religieux de la ville. Elle était tellement appréciée qu'elle fut inscrite à la table du roi en 1632. En 1760, la recette fut transmise par un dignitaire du chapitre de Meaux à un certain monsieur Pommery. Elle resta dans la famille pendant 165 ans jusqu'en 1925, date à laquelle le dernier descendant vendit sa composition et la marque.

L'aventure de la moutarde de Meaux Pommery commença en 1949 pour la famille Chamois. Ils n'étaient pas novices dans le domaine des condiments, puisqu'ils fabriquaient du vinaigre à Lagny-sur-Marne depuis 1890 à la vinaigrerie du Lion. Ils en produisaient notamment pour la fabrication de la fameuse moutarde. Pierre, le grand-père de Kevin Chamois, l'actuel dirigeant de l'entreprise, acquit les droits et créa la société des Assaisonnements Briards afin de commercialiser ce produit multiséculaire dont la recette secrète suscite aujourd'hui encore bien des convoitises. Installée depuis 2003 à Nanteuil-lès-Meaux, cette entreprise familiale a su trouver le juste équilibre entre tradition et modernité. Elle distribue ses produits dans près de 40 pays et propose régulièrement de nouvelles compositions. Pour créer ses mélanges, Kevin Chamois s'attache à choisir des ingrédients de qualité qui proviennent, si possible, de la région et n'utilise aucun conservateur. Alors, si vous voulez défendre les produits régionaux et les entreprises locales, n'hésitez pas à faire un saut du côté de Nanteuil-lès-Meaux. Vous y retrouverez, bien sûr, la célèbre moutarde de Meaux Pommery dans son pot en grès, mais également des créations aux noms évocateurs comme la Moutarde des Pompiers, au piment oiseau, ou la Moutarde Royale Pommery au cognac. Surtout, n'oubliez pas de faire le plein de vinaigres maison qui sont tous excellents !

Adresse ZA des Bordes Rouges, 5 avenue Louise-Michel, 77100 Nanteuil-lès-Meaux, tél. 01 64 35 00 82, www.moutarde-de-meaux.com | **Accès** À partir de Meaux, prendre la D360 puis l'avenue François-de-Tessan | **Horaires d'ouverture** Du lundi au jeudi de 14 h à 18 h et le vendredi de 9 h à 15 h | **À savoir** La vinaigrerie du Lion à Lagny-sur-Marne n'existe plus : les bâtiments ont été détruits dans les années 2000. Cependant, à l'angle de la rue Marthe-Aureau, la commune a repeint sur un mur le logo de l'entreprise comme lieu de mémoire industrielle.

80   L'art de la Paille

Abracadabra !

Comment des brins de paille peuvent-ils se transformer en œuvre d'art ? C'est ce que vous fait découvrir Valérie Colas Des Francs dans son atelier lové dans la cour du château de Nemours. Depuis 20 ans, cette « artiste-artisane » joue les magiciennes avec de simples tiges pour les métamorphoser en décors, tableaux ou bijoux.

La marqueterie de paille est une technique qui est née au XVIIᵉ siècle. Elle était utilisée sur des meubles et de petits objets au même titre que la marqueterie de bois, plus connue. La paille pouvait être gravée comme en Hollande ou brodée sur de la soie comme en Suisse. En France, elle connaît son apogée au XVIIIᵉ siècle, mais elle se retrouve encore au XIXᵉ sur des boîtes à ouvrage ou des coffrets réalisés par les bagnards. La technique a été progressivement perdue, du moins jusqu'à ce que les créateurs Paul Poiret et André Groult la redécouvrent dans les années 1930. De nouveau, la voilà qui disparaît avec la Seconde Guerre mondiale.

C'est Lison de Caunes, petite-fille d'André Groult, qui l'exhume à nouveau en créant son propre atelier de restauration à Paris. C'est là que, pendant 15 ans, Valérie Colas Des Francs a exercé son art jusqu'à ce qu'elle décide de tout arrêter. L'atelier est loin de chez elle et elle est fatiguée des trajets. Heureusement, le destin fait bien les choses puisqu'elle trouve le local idéal à Nemours.

C'est ainsi que depuis 2014, regonflée à bloc, elle ne cesse de créer. C'est une artiste atypique dont le style, inspiré de l'Art déco, est tout à fait reconnaissable. Travaillant aussi pour les grandes maisons du luxe parisien, elle multiplie les réalisations, accessoires de mode, panneaux muraux ou coffrets précieux. Pour travailler avec la meilleure matière possible, elle fait venir la paille de Bourgogne, où elle est spécialement cultivée pour son activité. Avec quelques outils simples, elle travaille devant vous ce matériau rustique pour faire apparaître, sous vos yeux, toute sa singularité et son raffinement.

Adresse 8 cours du Château, 77140 Nemours, tél. 06 09 02 19 24, www.valeriecolasdesfrancs.com, contatc@valeriecolasdesfrancs.com | **Accès** De Fontainebleau, D607 puis rue Gauthier-Ier | **Horaires d'ouverture** Visites sur rendez-vous. Ouvert pour les journées des métiers d'art ou pour les journées du patrimoine | **À savoir** Profitez-en pour visiter le château, qui est idéalement situé le long du Loing.

81 Des Lis Chocolat

Gentil coquelicot Mesdames…

Que pouvez-vous faire avec une fleur de coquelicot et une fève de cacao ? À vrai dire, pas grand-chose, contrairement à Des Lis Chocolat, artisan chocolatier et confiseur qui a su associer les deux pour créer une douceur à laquelle il est difficile de résister : la tuilette de Nemours. Ce petit palet de chocolat aux éclats de sucre de coquelicot est l'une des nombreuses spécialités qu'offre la maison à tous ceux qui aiment les bonnes choses.

L'utilisation de cette fleur des champs n'est pas nouvelle, elle était employée depuis fort longtemps pour ses vertus digestives et gastronomiques. Ainsi, le roi Louis XIV se régalait d'une soupe à base d'orties et de coquelicots. À Nemours, c'est au XIXe siècle que cette plante reçut ses lettres de noblesse ; plus exactement en 1850, lorsque le confiseur François-Étienne Desserey créa un bonbon à partir des pétales. Pour perpétuer la tradition, Gérard Bosc fonda, en 1985, Des Lis Chocolat et créa le chocolat Le gentil coquelicot.

En 2006, c'est Denis Jullemier qui a repris les rênes de la société, concentrant son travail sur l'identité chocolat de la maison en créant avec son chef chocolatier Patrick Coudray deux chocolats aux saveurs uniques, le Tandem noir, avec 70 % de cacao, et le Tandem lait, concentré à 41 %. Pour ce qui est du coquelicot, il est toujours récolté dans la région comme autrefois : la cueillette a lieu de mai à début juillet, à la main, dans les champs du canton. Seuls les pétales de ces fleurs sauvages sont cueillis, après la rosée du matin et avant midi afin de ne pas être flétris par le soleil. Ils sont ensuite cuits avec de l'alcool pour obtenir la décoction qui sert aux différentes préparations.

Si à l'évocation de toutes ces saveurs, vous avez les papilles qui frétillent, une seule solution, vous rendre séance tenante à Nemours pour découvrir toutes les créations anciennes et nouvelles qui vous attendent et vous feront fondre de plaisir.

Adresse 6 rue Louis-Blériot, 77140 Nemours, tél. 01 64 29 20 20, www.deslischocolat.com | **Accès** Zone des Rochers Verts, près de l'embranchement de l'A6 | **Horaires d'ouverture** Du mardi au samedi de 10 h à 12 h 30 et de 14 h à 18 h 30 | **À savoir** Pour faire des cocktails, le sirop et la liqueur de coquelicot sont parfaits !

82 La Ferme du Buisson

À la ferme, on se cultive

La Ferme du Buisson est une véritable enclave dans la ville nouvelle de Noisiel. Elle appartient à un ensemble de bâtiments construits au XIXe siècle par la famille Menier, grands industriels français qui comptèrent parmi les plus importants de la région.

En 1825, Jean-Antoine Brutus Menier acquit un moulin afin d'y installer une usine de médicaments, et commença parallèlement à produire du chocolat pour en enrober les pilules qu'il fabriquait. À sa mort, son fils reprit l'entreprise en ne conservant que cette dernière activité, car le chocolat était à l'époque un produit de luxe dont la vente était extrêmement lucrative. La chocolaterie produisant toujours plus, c'est une véritable cité ouvrière qui vit le jour autour de la fabrique. Pour nourrir tout ce petit monde et fournir le sucre nécessaire à la production du chocolat, Émile Menier acheta la Ferme du Buisson, qu'il transforma en une véritable « ferme modèle ». Lieu d'innovation biologique et technologique, elle fonctionna jusque dans les années 1960, date à laquelle l'empire Menier commença à péricliter.

La société fut démantelée et vendue à plusieurs repreneurs. Les établissements publics d'aménagement de Marne-la-Vallée rachetèrent la ferme et la transformèrent en centre culturel, qui ouvrit ses portes en 1979. Sur 2 hectares, elle regroupe actuellement six salles de spectacle, une médiathèque, un centre d'art et un cinéma ainsi qu'un restaurant, des jardins partagés et même un poulailler ! Aujourd'hui, on y nourrit non seulement le corps, mais également l'esprit. Toutes les disciplines artistiques y sont représentées, de la danse au cirque, de la musique classique aux défilés de mode… En avril, il ne faut surtout pas manquer le Pulp Festival, l'événement phare de la saison. Il regroupe, le temps d'un week-end, un tourbillon de spectacles, d'expositions et de conférences autour du thème de la bande dessinée au croisement des arts.

Adresse Allée de la Ferme, 77186 Noisiel, tél. billetterie 01 64 62 77 77, www.lafermedubuisson.com | **Accès** Par la N104, D499, D199, D10P, puis cours du Buisson | **Horaires d'ouverture** Pour le centre d'art, du mercredi au dimanche de 14 h à 19 h, sinon horaires selon les activités | **À savoir** Le service patrimoine et tourisme de Noisiel organise des visites guidées des différents bâtiments Menier (tél. 01 60 37 73 99, patrimoine@mairie-noisiel.fr).

83 Le centre photographique d'Île-de-France

Merci monsieur Niepce !

À Pontault-Combault, le centre photographique d'Île-de-France est facile à trouver puisqu'il a élu domicile dans l'enceinte du parc de la mairie, ou plus exactement dans le corps de ferme qui appartenait autrefois au château. Ce bel espace a gardé son charme d'antan tout en déployant une scénographie ultra moderne qui permet de mettre en valeur le travail des artistes.

Le centre a pour mission de soutenir la production contemporaine – plus particulièrement la création émergente –, permettant ainsi à des artistes peu connus d'acquérir la visibilité qui leur est nécessaire. Ces derniers sont souvent jeunes, français pour la plupart, mais pas uniquement. Ils sont invités à participer à des projets autour de thèmes qu'ils développent selon leur style et leur technique. Toujours dans la même optique, le centre photographique accueille en résidence trois créateurs par an, aidés financièrement par une bourse. Ils disposent ainsi d'une grande liberté dans leurs recherches et d'un support technique et artistique de premier ordre.

Le deuxième objectif du centre photographique est de créer un pont entre la création contemporaine et le public, en le sensibilisant à cette branche des arts visuels. C'est un véritable travail de pédagogie que l'équipe a entrepris depuis sa création. Pour cela, ses membres organisent des visites commentées des différentes expositions. Elles ont lieu normalement le dimanche, mais il est possible d'en demander une à tout moment. Ils proposent également des ateliers pour ceux qui veulent apprendre les bases ou en savoir plus sur certaines techniques photographiques. Afin de compléter cette démocratisation, le centre s'est aussi tourné vers les publics d'institutions comme les hôpitaux ou les Ehpad. Pour couronner toutes ces initiatives, il a été labellisé, en 2019, centre d'art contemporain d'intérêt national par le ministère de la Culture.

Adresse 107 avenue de la République, 77340 Pontault-Combault, tél. 01 70 05 49 80, www.cpif.net, contact@cpif.net | **Accès** De Meaux, A4, N104, N361 | **Horaires d'ouverture** Du mercredi au vendredi de 13 h à 18 h et le samedi et dimanche de 14 h à 18 h. Visites commentées le dimanche à 15 h. Visites de groupes sur resagroupes@cpif.net | **À savoir** L'actuelle mairie fut, sous Napoléon, la propriété de la célèbre Madame Sans-Gêne, qui inspira la non moins célèbre pièce de vaudeville du même nom, créée en 1893 par Victorien Sardou et Émile Moreau et qui fut interprétée, entre autres, par la truculente Jacqueline Maillan.

84_ L'allée des séquoias

Des colosses aux pieds d'argile

Si vous aimez la nature et plus particulièrement les arbres, venez découvrir l'allée des séquoias, un concentré d'histoire, de botanique et d'aménagement paysagé. Plantée de 96 séquoias géants dont les plus hauts atteignent 30 mètres, elle se trouve au cœur de la forêt régionale de Ferrières. Ce domaine forestier de 3 000 hectares d'un seul tenant a été, jusque dans les années 1970, propriété de la famille de Rothschild. C'est à l'architecte et paysagiste britannique Joseph Paxton que nous devons cette « trouée exotique » : l'alignement permettait de prolonger le parc du château dans la forêt et de créer une vue à l'anglaise très en vogue à l'époque.

L'allée s'étend entre la départementale D471 et le portail du château de Ferrières dit « grille aux lions », et se trouve sur trois communes à la fois : une petite zone appartient à Collégien, et la limite entre Ferrières-en-Brie et Pontcarré se situe exactement au milieu. C'est l'Agence des espaces verts de la région d'Île-de-France (AEV) qui s'occupe de bichonner ce trésor vert. Et croyez-moi, après une visite avec l'un de ses agents, je peux vous certifier que ce n'est pas une mince affaire, car ces colosses sont particulièrement fragiles et demandent beaucoup de soins !

En effet, « l'arbre des boxeurs », comme on le surnomme du fait de son écorce molle, est extrêmement sensible à toutes les agressions, qu'elles soient humaines ou naturelles. Depuis 2000, date à laquelle ont été constatés les premiers dépérissements, l'AEV a dû faire preuve de beaucoup d'ingéniosité afin de sauvegarder les géants. Les aménagements entrepris, tels que le creusement de fossés ou le dépôt d'écorces d'arbres sur le sol, n'ont cependant pas altéré la beauté du lieu. L'art est même venu s'inviter sous la forme de totems, sculptés par l'artiste Daniel Stinus à partir du bois des séquoias tombés en 1999 pendant la tempête. Vous pourrez les admirer dans l'allée de la Taffarette.

Adresse D471 entre Pontcarré et Collégien, parking de Piscop | **Accès** Par l'A4 ou la D471 direction Pontcarré | **Horaires d'ouverture** En libre accès. Informations auprès de l'AEV, 490 route de la Brosse, 77164 Ferrières, tél. 01 83 65 39 20, www.aev-iledefrance.fr. Dépliants disponibles aux offices de tourisme de Bussy-Saint-Georges ou à la mairie de Ferrières-en-Brie | **À savoir** Côté parking de Piscop, le premier arbre à gauche est très abîmé à cause des coups qui lui ont été portés. Il faut éviter d'en faire autant si vous voulez préserver ces vénérables arbres.

85__Les chambres d'hôtes Stella Cadente

Au pays des contes de notre enfance

C'est une maison bleue... mais aussi rouge corail, argentée, avec un escalier doré à la feuille d'or – une maison des mille et une nuits achetée et décorée par la créatrice Stella Cadente, et qui s'est métamorphosée en véritable petit bijou au cœur de la vieille ville de Provins. Elle se trouve à deux pas de la tour César, que l'on rejoint par une rue piétonne longeant le parc et donnant accès directement à la ville haute. Stella Cadente a trouvé cette demeure au cours de vacances en famille et en est tombée immédiatement amoureuse. Elle a transformé cette sage maison bourgeoise en chambres d'hôtes et restaurant en donnant libre cours à son imagination débordante.

Derrière la classique façade de cette demeure XIXᵉ, elle a créé des décors absolument incroyables. Dans un débordement de couleurs et de matières plus raffinées les unes que les autres, où se mêlent plumes et fourrures, satin et rubans, elle nous emmène au pays des contes de fées de son enfance. Dans la chambre Peau d'Âne, c'est l'argenté qui domine ; dans la chambre Alice au pays des merveilles, les damiers noir et blanc sont à l'honneur... Il n'y a qu'à faire votre choix entre les cinq ambiances proposées. Que vous soyez d'humeur badine, joyeuse ou amoureuse, vous trouverez, à coup sûr, l'esprit qui vous convient !

De plus, le restaurant Il Était Une Fois est accessible à tous. Vous y serez accueillis dans un camaïeu de bleu pour l'intérieur et, à l'extérieur, sur une belle terrasse ombragée donnant sur un magnifique parterre de buis. Une gastronomie française de qualité, cuisinée à base de produits frais, vous est proposée. Les petits-déjeuners du week-end sont à tester absolument. Vous pourrez choisir entre le brunch d'oiseau pour les appétits modérés et celui du loup pour les grands estomacs. Dans tous les cas, si vous voulez vivre un moment unique et décalé, n'hésitez pas à plonger dans l'univers de Stella.

Adresse 28 rue Maximilien-Michelin, 77160 Provins, tél. 06 10 22 88 30, contact@maisonprovins.com | **Accès** De Melun, D408, D619, puis avenue du Général-Leclerc | **Horaires d'ouverture** Pour les chambres d'hôtes, toute l'année sauf en janvier et pour le restaurant, mardi de 19 h 30 à 22 h, mercredi, jeudi, vendredi de 12 h à 14 h et de 19 h 30 à 22 h, samedi, dimanche de 11 h à 14 h et de 19 h 30 à 22 h 30 | **À savoir** La cité médiévale de Provins, classée patrimoine mondial de l'Unesco, offre une multitude de lieux à visiter.

86_ La roseraie
Une rose qui vient de loin

La légende raconte que Thibault IV de Champagne, dit « le Chansonnier », aurait ramené en 1240 une rose de Damas pour en faire cadeau à Blanche de Castille, qu'il courtisait. Une rose qu'il aura probablement plutôt trouvée sur les contreforts des Alpes : Pline l'Ancien évoquait déjà la présence de la Gallica Officinalis dans la région au Ier siècle de notre ère. Toujours est-il que le comte vit rapidement les profits qu'il pouvait tirer de cette plante aux nombreuses vertus.

C'est ainsi que, dès 1240, la présence de la rose fut attestée à Provins et devint rapidement l'emblème de la ville. Elle était vendue sur les foires, séchée ou en bouton dans de l'huile. Cette fleur aux multiples propriétés était utilisée dans la cuisine, dans les produits d'hygiène tels que le dentifrice, ou dans la pharmacopée. Cependant, avec le déclin des comtes de Champagne, la culture de la Gallica Officinalis périclita également, et la fleur fut progressivement oubliée.

Il fallut attendre les années 2000 pour que cette variété, considérée comme la grand-mère de toutes les roses, soit sauvée de son purgatoire. Bruno Clergeot, Provinois de souche, et sa femme Isabelle créèrent un véritable écrin pour remettre en lumière la rose de Damas dans une ancienne pépinière à l'abandon. Ils découvrirent le terrain par hasard au cours d'une balade et eurent le coup de foudre, le lieu étant idéalement situé avec une vue splendide sur la ville haute.

Après un travail acharné, ils réalisèrent un jardin retraçant l'histoire de la rose et en 2008, la roseraie fut ouverte. Elle compte aujourd'hui plus de 500 variétés de roses dont 450 parfumées. C'est un véritable paradis qui charme tous les sens. Il vous faut environ une heure pour en faire le tour. À la fin de la visite, un adorable salon de thé vous attend. Là encore, la rose est à l'honneur, sous forme de petites délicatesses : meringues, macarons, glaces, sirop… de quoi émerveiller vos papilles.

Adresse 11 rue des Prés, 77160 Provins | **Accès** Ville basse, boulevard d'Aligre puis rue des Prés | **Horaires d'ouverture** Du 25 mars au 22 novembre, tous les jours de 10 h à 19 h 30 ; novembre, décembre, février et mars, vendredi de 14 h à 18 h, samedi, dimanche, lundi de 10 h à 18 h ; pendant les vacances scolaires, tous les jours de 10 h à 18 h | **À savoir** Deux boutiques sont incontournables à Provins pour les spécialités à la rose : La Ronde des Abeilles et le Comptoir des Colporteurs.

87 Le Domaine
des Macarons de Réau

Un domaine rabelaisien

Dans son domaine de Réau, Harmony Delhaye est la reine des macarons. Cette jeune femme, toujours souriante, vous entraîne dans les délices de ses petites douceurs. Au diable les régimes et les sept péchés capitaux, chez elle, rien ne vous retiendra de goûter à tous ces beaux macarons traditionnels. Le petit gâteau aux amandes, connu sous le nom de massepain au Moyen Âge, serait né en Italie et aurait été introduit en France par Catherine de Médicis. Pour le confectionner, il existe une multitude de façons. La recette qu'utilise Harmony a été élaborée à Rebais, non loin de Coulommiers, à l'abbaye de la butte de Doue. Elle la tient de ses parents, qui se sont installés à Réau en 1993. Elle est toute simple, un tiers de sucre, un tiers de blanc d'œuf, un tiers de poudre d'amande et c'est tout. Le reste est une question de savoir-faire !

Pour mettre en valeur ce macaron qu'elle aime tant, Harmony a créé son petit royaume, avec un grand magasin qu'elle a conçu comme un barn à chevaux et qu'elle a décoré elle-même avec des objets chinés ou rapportés par des clients. À côté, pour profiter de la belle saison, elle a aménagé une salle d'été, la Domainerie, ainsi qu'une terrasse, créée sur un ponton suspendu au-dessus d'une petite étendue d'eau. Pour occuper les plus jeunes, elle a même fait venir des animaux.

C'est dans ce petit paradis qu'elle vous accueille pour vous faire partager sa passion. Il est bien difficile de choisir parmi tous les parfums qui vous sont proposés, des plus traditionnels, comme l'amande ou la noisette aux plus inattendus, comme le coquelicot de Nemours. À tester également, la crème glacée aux éclats de macarons, créée au départ pour utiliser ceux qui étaient cassés, aujourd'hui devenue un incontournable. Pour un moment de douceur et de gourmandise, Le Domaine des Macarons de Réau est un lieu que même Rabelais n'aurait pas renié.

Adresse 14-16 rue Frédéric-Sarazin, 77550 Réau, tél. 01 64 88 56 29 ou 06 06 72 85 82, www.macarons-de-reau.com, fabrique@macarons-de-reau.com | **Accès** A51b sortie 13, Réau | **Horaires d'ouverture** Mercredi et jeudi de 11 h 45 à 18 h, les samedis de printemps de 13 h 30 à 18 h, les dimanches, week-ends et jours à thèmes de 10 h à 18 h. Démonstrations sur réservation au 06 06 72 85 82. Ouvert pour les journées du patrimoine et pendant la semaine du goût. Pour les autres événements, voir le site | **À savoir** Tous les dimanches matin, c'est brunch avec des produits de saison et pour les mélomanes, des soirées apéro-musique sont organisées pendant l'été, le vendredi et le samedi soir.

88 Le musée aéronautique et spatial Safran

Toujours plus vite, toujours plus haut !

À côté de l'aérodrome de Melun-Villaroche (voir chap. 73) se trouve le musée aéronautique et spatial Safran. Créé dans les années 1980 par un groupe de bénévoles de l'entreprise Snecma, il retrace l'histoire de la plus ancienne société aéronautique au monde. La société Gnome fut en effet fondée en 1905 par deux ingénieurs, les frères Louis et Laurent Seguin. À l'origine, ils produisaient des moteurs de bateau. Cependant, ils se lancèrent très vite dans l'aventure aéronautique et, à partir de 1908, ce sont des moteurs d'avion qui sortirent de leurs ateliers de Gennevilliers. Le premier de leurs moteurs fut l'Omega, que Louis Seguin développa pendant ses études. Il le proposa à l'as de l'aviation Henri Farman, qui l'adopta immédiatement. Lors de son premier vol, ce dernier battit tous les records mondiaux de distance et de durée, avec 180 kilomètres parcourus en 3 heures et 15 minutes. Ce n'était qu'un début puisque bien d'autres moteurs virent le jour par la suite, la technologie ne cessant d'évoluer.

C'est cette transformation que la galerie des moteurs vous invite à découvrir. Elle vous permettra également de recueillir bon nombre d'informations sur les appareils et les aviateurs qui marquèrent la conquête du ciel. Mais il y a plus haut encore ! À partir des années 1950, c'est vers l'espace que tous les regards se tournèrent. L'entreprise, nationalisée en 1945 sous le nom de Snecma, commença à travailler sur la propulsion spatiale : fusées-sondes, missiles, lanceurs spatiaux et satellites furent désormais au programme. La galerie spatiale vous entraîne dans cet univers, où, une fois encore, histoire et technologie s'entrecroisent. Vous apprendrez ce qu'est la propulsion à ergols liquides ou solides, les différents projets civils et militaires sur lesquels le groupe a travaillé et, bien sûr, tout ce qui concerne notre fusée européenne, Ariane.

Adresse Rond-Point René-Ravaud, 77550 Réau, tél. 01 60 59 41 66, www.muséesafran.com, info@muséesafran.com | **Accès** N104, A5b | **Horaires d'ouverture** Le mercredi de 9 h à 12 h et de 14 h à 17 h, et le samedi de 14 h à 17 h | **À savoir** Il existe aussi, au sein du musée, une galerie présentant les motos anciennes produites par Gnome et Rhône entre 1919 et 1960.

89__Les vignes de monsieur Bombart

Des bulles de plaisir

Saviez-vous qu'il est possible de boire du champagne seine-et-marnais ? Il existe, en effet, trois villages au nord-est du département qui peuvent s'enorgueillir de faire partie de l'aire de production de ce délicieux breuvage. C'est une petite zone de 90 hectares, soit 0,26 % des terres champenoises. Les vignes s'étendent sur les communes de Saâcy-sur-Marne, de Citry et de Nanteuil-sur-Marne. Le sol argilo-calcaire et la situation géographique ont permis aux viticulteurs locaux de faire prospérer les trois cépages indispensables à l'élaboration de ce vin effervescent, que sont le Meunier, le Pinot noir et le Chardonnay.

L'une de ces exploitations se détache des autres : celle d'Hervé Bombart, la seule à produire son propre champagne, contrairement aux autres exploitants qui vendent leur raisin aux grandes maisons de Reims ou d'Épernay. Bien sûr, cela ne s'est pas fait en un jour. Chez les Bombart, on cultive la vigne à Saâcy-sur-Marne depuis quatre générations et, pendant de nombreuses années, ils ont vendu leur récolte comme tout le monde. Ce n'est qu'à partir de 1990 qu'Hervé Bombart a envisagé de produire lui-même son champagne. Passant par différentes étapes, il mettra 20 ans pour être totalement indépendant.

Aujourd'hui, épaulé par son fils Gauthier, il poursuit cette formidable aventure. Ils travaillent ensemble sur deux axes principaux : cultiver leur terre de façon durable pour recréer un vrai lien avec la nature et proposer des champagnes qui reflètent vraiment le terroir et le vignoble. Les assemblages sont créés par Gauthier, l'œnologue de la famille, et ont pour objectif de révéler dans les bouteilles les différences de chaque vendange afin d'éviter une production trop standardisée. Pour donner une touche d'élégance supplémentaire, ils ont également travaillé le nom des cuvées. Ce sera à vous de juger si vous préférez l'Allégorique, l'Emblématique ou le Mythique…

Adresse Rue de Citry, 77730 Saâcy-sur-Marne, tél. 01 60 23 53 12 ou 06 31 87 04 97, www.champagnebombart.fr, champagne.bombart@free.fr | **Accès** De Meaux, D603, D70, D68P, à gauche juste avant le panneau Citry | **Horaires d'ouverture** Sur rendez-vous pour l'achat de bouteilles. Visites du vignoble et dégustation en été, également sur rendez-vous | **À savoir** L'appellation champagne (AOC) est la plus contraignante de toutes. Tout est contrôlé, des limites géographiques déterminées au mètre près, jusqu'à la maturation, en passant par les quantités à vendanger ou le pressurage.

90 Le wagon-mémorial
Voyage vers l'enfer

En sortant de la gare, vous apercevrez tout de suite le wagon-mémorial, restauré par des techniciens de la SNCF et offert au comité du mémorial de la déportation de Saâcy-sur-Marne. Lorsqu'ils le découvrent, le wagon était très abîmé, mais, grâce à des documents techniques d'époque, a pu être reconstruit complètement. Le seul élément d'origine à avoir été sauvé est la rambarde qui servait aux déportés pour monter et descendre du wagon.

Pourquoi avoir fait un tel don à une petite commune de Seine-et-Marne ? Parce qu'elle a été le théâtre d'un événement particulièrement douloureux lors de la Seconde Guerre mondiale. En effet, en août 1944, alors que les forces alliées repoussaient les défenses allemandes, les nazis décidèrent de vider les prisons et d'expédier les détenus vers les camps de la mort. À Paris, ce furent 2 400 hommes et femmes qui furent ainsi entassés dans des wagons à bestiaux. Parti de Pantin le 15 août, le convoi fut arrêté le lendemain dans le tunnel avant la gare de Saâcy-sur-Marne, le pont ferroviaire au-dessus de la Marne ayant été détruit quelques jours avant. Les prisonniers furent sommés de descendre et de rejoindre à pied un autre train de l'autre côté de la rivière. Ils furent répartis en trois groupes. Malgré les menaces des soldats SS, ils reçurent un peu d'eau et de nourriture des habitants ; certains, malheureusement peu nombreux, purent même s'enfuir et échapper à leur funeste destin.

La Résistance tenta sans succès d'intercepter le train à Dormans. La fin du voyage s'acheva à Buchenwald pour 1 650 hommes. Un peu plus tard, 665 femmes furent débarquées à Ravensbrück. 158 aviateurs alliés, faisant également partie du convoi, eurent plus de chance et furent transférés dans un camp de prisonniers. C'est en mémoire de ce long calvaire que le wagon-mémorial se dresse aujourd'hui devant la gare de Saâcy-sur-Marne. Il nous rappelle qu'à travers l'Europe, des millions d'êtres humains ont été ainsi conduits à la mort.

Adresse Gare de Nanteuil-Saâcy, 77730 Saâcy-sur-Marne | **Accès** De Meaux D603, D407, D68 | **Horaires d'ouverture** En accès libre. Pour plus d'informations, contactez la mairie au 01 60 23 60 35 | **À savoir** Les roses qui bordent le wagon n'ont pas été choisies au hasard puisqu'elles portent le nom de « Résurrection ». Cette variété a été créée à l'occasion du 30e anniversaire de la libération du camp de Ravensbrück.

91__La source de Sainte-Aubierge

De l'eau de l'au-delà

Pour rejoindre ce bel endroit, caché dans la vallée de l'Aubetin, je vous conseille de partir à pied du village de Saint-Augustin. C'est une marche de 4 kilomètres qui suit la rue du Moulinet, autrement appelée le chapeau de Napoléon, car, vue du ciel, elle a la forme du bicorne de l'empereur. Vous trouverez la source au bord de la route, entre une chapelle et un joli lavoir que surplombent de grands sapins qui s'agitent dans la brise. Selon la légende c'est Aubierge, troisième abbesse de Faremoutiers, qui fit jaillir la source en frappant le sol de sa crosse. Plus prosaïquement, cette source, dite « source de la Brie », faisait l'objet de rites païens et, pour christianiser le lieu, Aubierge y fit édifier une chapelle. Dès lors, la source acquit la réputation d'être miraculeuse et devint un lieu de pèlerinage. Il était, au XIXe siècle, l'un des plus importants de Seine-et-Marne ; dans les années 1880, jusqu'à 15 000 personnes s'y regroupaient.

Lors de ce pèlerinage, les jeunes filles qui voulaient trouver un époux dans l'année passaient sous la châsse de la sainte, disposée sur deux chaises. De la main droite, elles faisaient un signe de croix sur le sol et de la main gauche, elles déposaient leur obole. Elles allaient ensuite boire l'eau de la source. Pas sûr que cette coutume dite « du pont de Sainte-Aubierge » ait donné le moindre résultat, mais elle a longtemps perduré.

Aujourd'hui, le pèlerinage existe de manière beaucoup plus réduite, mais, chaque lundi de Pâques, une messe est dite et une procession est organisée derrière la statue de la sainte. Tous les deux ans, au mois de mai, ce sont les gens du voyage qui viennent se recueillir à la source, qui reste toujours très mystérieuse puisqu'on ne sait pas d'où vient l'eau. Ce qui est sûr, c'est qu'elle coule toute l'année, à un débit de 60 litres par minute et à une température constante de 11 °C. Sainte Aubierge n'a pas fini de faire des miracles !

Adresse Rue de Sainte-Aubierge, 77515 Saint-Augustin | **Accès** À partir de Coulommiers, D402, D15 | **Horaires d'ouverture** Le site est libre d'accès, sauf pour la chapelle qui est ouverte occasionnellement (pour les renseignements voir en mairie, tél. 01 64 03 15 12) | **À savoir** Pour les plus sportifs, il existe également une randonnée de Saint-Augustin à Sainte-Aubierge de 17 kilomètres, dont le tracé est indiqué sur un panneau en face de la mairie de Saint-Augustin.

92 L'auberge de l'Œuf Dur et du Commerce

Au royaume des fous

En bas du village, à quelques pas du Petit Morin, se trouve l'auberge de l'Œuf Dur et du Commerce, un établissement où les riches parisiens venaient s'encanailler et faire la fête à la campagne au début du XXᵉ siècle. Julien Callé, magistrat de son état et client assidu du célèbre cabaret montmartrois Le Lapin Agile, acheta cette ferme en 1912 pour la transformer en auberge sur les conseils de Frédéric Gérard, le patron du Lapin Agile, qui avait une résidence secondaire dans la commune.

Dès son ouverture et jusqu'aux années 1930, l'auberge devint le lieu de toutes les folies et de tous les excès. Petites pépées et grands buveurs se mêlaient dans une sarabande de plaisir. On se baignait nu dans la rivière, on buvait, on dansait, on chantait, et surtout, on se déguisait – péché mignon du propriétaire. Transformés en Apaches, lui et ses compères préparaient des attaques contre les trains ou reconstituaient des épisodes historiques comme le supplice de Jeanne d'Arc. Il faut dire que la bande n'en était pas à sa première farce puisqu'en 1910, ces doux-dingues avaient présenté au salon des indépendants le tableau *Et le soleil s'endormit sur l'Adriatique*, d'un certain Joachim-Raphaël Boronal. En réalité, l'artiste n'était autre que Lolo, l'âne de Frédéric Gérard. L'animal « peignait » avec sa queue lorsqu'on lui présentait des carottes. À sa mort, ce fidèle compagnon fut enterré dans le village avec tous les honneurs.

L'âge d'or de l'établissement s'arrêta avec le krach de 1929. Artistes, politiciens et industriels eurent d'autres chats à fouetter que de prendre du bon temps à la campagne. Heureusement, le temps a épargné l'endroit et vous pouvez découvrir encore aujourd'hui ce fameux temple du plaisir. Vous trouverez le souvenir intact de cette vie de fête grâce aux nombreuses fresques réalisées sur les murs de l'auberge par les plus grands illustrateurs et peintres de l'époque.

Adresse Promenade Pierre-Mac-Orlan, 77750 Saint-Cyr-sur-Morin, tél. mairie 01 60 23 80 24 | **Accès** À partir de La-Ferté-sous-Jouarre, D407, D204, D31 | **Horaires d'ouverture** Visites de groupes de 15 personnes minimum sur rendez-vous. Deux visites pendant les journées du patrimoine | **À savoir** Le village compte de très belles demeures, l'une d'entre elles, dite « la maison aux têtes », vaut vraiment le détour. Elle se situe au 5 de la rue des Montgoins.

93___La maison de Pierre Mac Orlan

La drôle de petite maison

Après la visite de l'auberge de l'Œuf Dur, il faut traverser le Morin et se diriger vers le hameau d'Archet. Vous y trouverez la maison de Pierre Mac Orlan. Ce nom ne vous dit peut-être rien, pourtant, il fut l'un des écrivains majeurs de son époque, membre de l'académie Goncourt et auteur du célèbre roman *Le Quai des Brumes*, drame porté à l'écran par Marcel Carné et interprété par Jean Gabin et Michèle Morgan.

C'est la belle-mère de Pierre Mac Orlan qui acheta cette maison pour sa fille. Il faut dire qu'au départ, le jeune couple ne roulait pas sur l'or. Simple résidence secondaire, elle devint à partir de 1926 leur habitation principale, et l'endroit où l'auteur produisit une grande partie de son œuvre. Cette Briarde n'était pas bien grande, mais elle lui convenait parfaitement. D'elle, il écrira « Cette petite maison, que j'habite toute l'année, est tellement bien ajustée à mon corps qu'elle me complète comme un vêtement de chasse ou de golf… ». Il y vécut paisiblement avec sa femme Marguerite et la maison, laissée dans son jus depuis les années 1960, raconte cette vie à deux, le couple n'ayant pas eu d'enfants.

En passant de pièce en pièce, vous découvrirez, à travers ses objets personnels, les mille et une passions de l'auteur, grand voyageur. En plus de son activité d'écrivain, il travaillait pour la presse et la radio. Quant à Marguerite, elle fut l'un des modèles de Picasso. Une fois par mois, elle vous accueille sous les traits d'une comédienne pour vous entraîner dans l'univers des Mac Orlan.

La visite débute au premier étage avec Marguerite « de la nuit », le modèle des peintres, puis en descendant au rez-de-chaussée, elle se transforme en Marguerite « du jour », la femme au foyer. Attention, les deux ont du caractère et savent houspiller le visiteur si nécessaire !

Adresse Promenade Pierre-Mac-Orlan, hameau d'Archet, 77750 Saint-Cyr-sur-Morin, tél. 01 60 23 86 11, sites Provins.net ou Saint-Cyr-sur-Morin.org | **Accès** À partir de La-Ferté-sous-Jouarre, D407, D204, D31 | **Horaires d'ouverture** Tous les dimanches après-midi avec trois visites à 14 h, 15 h et 16 h. 1er dimanche du mois, visites théâtralisées, réservations à l'office du tourisme de Provins ou à la mairie de Saint-Cyr-sur-Morin | **À savoir** Également à voir, le musée de la Seine-et-Marne, l'homme et son territoire.

94___Les 26 Couleurs

La mode, un éternel recommencement

L'espace culturel de Saint-Fargeau-Ponthierry doit son nom à une machine unique au monde, mise au point en 1877 pour la manufacture de papiers peints Leroy et qui permit d'appliquer jusqu'à 26 couleurs sur le papier en un seul passage. Un bond technologique considérable qui bouleversa le secteur de la décoration intérieure. En effet, au XVIIIe siècle, le papier peint, acheté par les seules élites, était peint à la planche en utilisant des matrices de bois gravées pour chaque couleur. Cette fabrication artisanale, réservée à de petits intérieurs, était réalisée par des dominotiers qui imprimaient aussi les cartes à jouer.

Au XIXe siècle, le travail se mécanisa grâce, notamment, à la généralisation de l'usage du papier en continu, une création anglaise. À Paris, Louis-Isidore Leroy s'engagea lui aussi dans cette course technologique : après avoir utilisé une machine permettant l'impression en continu d'une couleur à la fois, il investit dans une formidable machine, la fameuse 26 couleurs. Au tournant de la Première Guerre mondiale, son fils fut exproprié de la capitale à cause du réaménagement de la gare de l'Est. Il s'installa alors dans la commune pour y implanter une nouvelle usine. Pendant quatre générations, l'entreprise prit part à toutes les innovations dans le domaine jusqu'en 1982, date à laquelle l'aventure s'arrêta.

Aujourd'hui, il ne reste de l'usine que la centrale électrique, dont la salle des machines a été heureusement transformée en musée. Elle vous permet de découvrir 140 ans de l'histoire de la décoration intérieure. Vous serez étonné de constater que les décors à la mode aujourd'hui ont parfois été créés au XIXe siècle. C'est aussi une immersion dans la vie ouvrière qui vous est proposée. Enfin, des ateliers artistiques en lien avec les techniques d'impression et les arts décoratifs sont également organisés pour les grands et les plus jeunes. Ils complètent agréablement ce moment spécial entre technologie et tradition décorative.

Adresse Hôtel industriel Leroy, rue Pasteur, 77310 Saint-Fargeau-Ponthierry, tél. 01 64 81 26 66, www.saint-fargeau-ponthierry.fr, les26couleurs@saint-fargeau-ponthierry.fr | **Accès** De la mairie, prendre la rue de la Saussaie | **Horaires d'ouverture** Mercredi, samedi et dimanche de 14 h à 18 h (visite guidée le 1er dimanche du mois) | **À savoir** Petite suggestion, prenez un repas au Moulignon, qui fut le château de la famille Leroy et, après la visite du musée, profitez d'une petite séance ciné aux 26 Couleurs.

95 La pierre de saint Fiacre
Entre légende et réalité

Fiacre était un moine venu d'Irlande au VIIe siècle dans le cadre d'un mouvement d'évangélisation de la région meldoise. Il s'installa sur un terrain donné par saint Faron, évêque de Meaux, où il fonda un monastère dédié à la Vierge et une maison pour les visiteurs. La légende raconte que, pour subvenir aux besoins des arrivants toujours plus nombreux, il demanda l'autorisation à saint Faron d'étendre ses terres afin d'y créer un jardin. Ce dernier lui accorda « tout le bois qu'il pourrait enclore d'un fossé creusé de sa propre main en un jour autour de sa maison ». Le moine traîna alors son bâton et délimita une énorme superficie en un seul jour, comme demandé. À la vue de ce prodige, une femme du village, la Becnaude, s'insurgea et l'accusa de sorcellerie. Le pauvre homme, anéanti, s'assit sur une pierre qui s'amollit pour lui fournir un meilleur siège. Heureusement, l'évêque considéra l'événement comme un véritable miracle et permit à saint Fiacre de continuer son œuvre. Cet ancrage à la terre en fit le saint patron des jardiniers et des horticulteurs qui lui rendent désormais hommage le 30 août, jour présumé de sa mort.

La fameuse pierre qui protégea le saint fessier se trouve dans l'église du village. Elle a été placée dans une petite chapelle à côté du tombeau qui abrita le corps du saint jusqu'au XIIIe siècle, date à laquelle ses restes furent mis en châsse. Pendant les guerres de Religion, la châsse fut transférée dans la cathédrale de Meaux afin de la protéger des profanations, et y est restée depuis.

Aujourd'hui, l'église de Saint-Fiacre accueille toujours des visiteurs qui viennent de la France entière en pèlerinage dans la commune. Tous les ans, pour le 30 août, son autel est fleuri par un bouquet constitué de fleurs, de fruits et de légumes. Elle fait également partie d'un circuit appelé le « Chemin de Saint-Fiacre », qui part du prieuré et qui vous emmène jusqu'à Villemareuil, au pied de la source et de la chapelle dédiées au saint.

Adresse Rue Saint-Jean, 77470 Saint-Fiacre | **Accès** À partir de Meaux, D603, D17 ou D33 | **Horaires d'ouverture** Renseignements à la mairie, tél. 01 60 25 71 31. Le chemin est en accès libre | **À savoir** Entre Saint-Fiacre et Villemareuil, six panneaux placés aux étapes principales expliquent la vie et le culte du saint, ainsi que l'histoire des monuments des deux villages. Il est possible faire le trajet en voiture ou, pour les plus courageux, à pied par les bois.

96___La tour de Violet Trefusis

La vie comme un roman

Ne la cherchez pas, car derrière ses murs, elle est invisible. Elle est pourtant le point culminant de Saint-Loup-de-Naud – et même utilisée comme tour de guet au XVe siècle au moment de sa construction. La tour est une grande dame mystérieuse et énigmatique, à l'image de celle qui en devint propriétaire en 1923 et qui en fit sa maison de cœur.

Cette femme étonnante, c'est Violet Trefusis, dont la vie fut un véritable roman. L'Anglaise, née en 1894, était la fille d'Alice Keppel, la maîtresse du roi d'Angleterre Édouard VII. À 10 ans, elle rencontra l'amour de sa vie, la romancière et poétesse Vita Sackville-West. Au cours des quelques années que dura leur passion, elles firent plusieurs fugues ensemble, en France notamment. Évidemment, ces amours homosexuelles n'étaient pas du goût de leurs mères ni, plus tard, de leurs maris respectifs. En 1921, sous la pression des familles, les deux jeunes femmes se séparèrent définitivement et Violet vint s'installer dans l'Hexagone.

C'est une autre de ses amantes, Winnaretta de Polignac, héritière des machines à coudre Singer et grande mécène des arts, qui lui fit don de la tour comme cadeau… de rupture. Dès lors, Violet y organisa sa vie. Comme elle avait peur de dormir dans la tour qu'elle croyait hantée, elle fit construire une maison attenante. Les fantômes ne l'empêchèrent pourtant pas de recevoir un grand nombre d'artistes, d'écrivains et d'hommes politiques. Parmi eux, des personnages illustres comme Winston Churchill, Colette ou François Mitterrand.

Tout ce beau monde pouvait également profiter de l'agréable jardin florentin qu'elle fit réaliser en contrebas de la tour. Pour le créer, elle s'inspira de celui de sa mère, qui possédait une élégante propriété en Italie. Organisées autour d'une fontaine, les volutes de buis y dessinent l'espace et font de ce jardin un sublime écrin de verdure, un vrai petit paradis.

Adresse 28 rue Serge-Veau, 77650 Saint-Loup-de-Naud | **Accès** À partir de Provins D403, D106 | **Horaires d'ouverture** Le jardin est ouvert pendant les journées du patrimoine et les journées Couleurs Jardins, ainsi que le deuxième week-end de septembre pour les après-midis de Saint-Loup | **À savoir** Saint-Loup-de-Naud est, à mon avis, l'un des plus beaux villages de Seine-et-Marne. La superbe église romane du XIIᵉ avec son fabuleux tympan est à visiter absolument.

97 __ Le port fluvial
Une vie au fil de l'eau

C'est à travers les souvenirs de deux anciens mariniers, Laurette Levis et Serge François, que l'on peut découvrir l'histoire de la batellerie et son influence sur la commune. Grâce à cette visite, on comprend que les besoins et le mode de vie de cette population ont modelé la petite cité dans ses moindres recoins.

Le port fluvial de Saint-Mammès existe depuis fort longtemps. À la fin des années 1930, il se dota d'une bourse d'affrètement où étaient négociés tous les transports. De nombreux mariniers s'y regroupaient pour attendre de nouveaux chargements. Ils s'y arrêtaient également en cas d'avarie ou de travaux et pendant l'hiver, lorsque les transports étaient moins nombreux. Les familles débarquaient alors leurs marquises – cabanes servant de timonerie – et les installaient dans de petits jardins potagers. Elles devenaient ainsi leur habitation en attendant de repartir.

Au fil du temps, les conditions à bord des bateaux se sont beaucoup améliorées et aujourd'hui, les cabines peuvent faire jusqu'à 150 mètres carrés – on peut donc y loger toute l'année. Quant au bureau d'affrètement, il a fermé en 2000 avec l'ouverture à la concurrence européenne et l'arrivée de nouveaux moyens de communication. Heureusement, les bateliers sont toujours là, côtoyant les plaisanciers venus jeter leurs amarres le long des berges et profiter de ce bel environnement. Tous les bateaux s'alignent sagement le long des quais de la Seine, du canal et du Loing, formant de jolis chapelets sur l'eau. La commune reste aussi le port d'attache de nombreux retraités de la batellerie qui apprécient sa douceur de vivre. Dans le centre-ville, d'agréables venelles conduisent toujours aux jardins potagers, et vous pourrez découvrir ici ou là une ancre ou la plaque d'un bateau accrochée à une façade. Pour profiter de cette ambiance, le parcours sur les pas des mariniers a été mis en place afin de présenter aux visiteurs toutes les facettes du monde méconnu de la batellerie.

Adresse Halte fluviale, 15 quai de Seine, 77670 Saint-Mammès, tél. 01 60 74 44 00, www.saint-mammes.com, laurette.levis@ccmsl.com. Pour les visites, s'adresser à l'office du tourisme de Moret Seine et Loing, tél. 01 60 70 41 66 | **Accès** De Fontainebleau D137, D301, D39, D40E2 | **Horaires d'ouverture** De mai à septembre, du lundi au dimanche de 9 h à 12 h et de 15 h à 19 h 30. Pour les plaisanciers, toute l'année sur appel au 06 47 68 79 51. Accès libre dans la ville | **À savoir** Il existe une adresse à Saint-Mammès où se retrouvent les bateliers, le café Maeva (quai de Seine), lui-même tenu par un ancien marinier.

98__ Le cimetière

Un lieu de repos VIP

Lorsque je découvris le cimetière de Samois-sur-Seine lors d'une belle journée de septembre, le soleil brillait et le ciel était d'un bleu parfaitement pur. Devant moi se dressaient au-dessus du mur d'enceinte trois grandes croix orthodoxes dont la blancheur irradiait dans la lumière de cette fin de journée.

Ces tombes appartiennent aux Troubetskoï-Orloff, une famille proche des tsars de Russie. Au milieu du XIXe siècle, ils acquirent le château de Bellefontaine, choisissant ainsi Samois-sur-Seine comme lieu de villégiature. Mais ceux qui n'étaient venus au départ que pour le plaisir devinrent de véritables bienfaiteurs pour le village : ils contribuèrent notamment à la construction du presbytère et subventionnèrent l'hospice et le bureau de bienfaisance. Pendant la guerre de 1870, le prince Nikolaï Troubetskoï joua même le rôle de médiateur auprès des Prussiens afin d'éviter des réquisitions et l'exécution de Samoisiens pris en otage. De son côté, son gendre, le prince Nicolas Orloff – principalement connu pour avoir donné son nom à un plat à base de veau – œuvra pour la paix en Europe : il fut l'un des fondateurs de l'alliance franco-russe.

Poursuivant ma visite, je me suis dirigée vers le haut du cimetière pour découvrir une tombe beaucoup plus récente, celle du musicien de jazz Django Reinhardt qui, lui, s'installa en 1951 à Samois-sur-Seine. Le guitariste, créateur du jazz manouche, trouva dans cette petite localité une nouvelle inspiration. À sa mort, il fut enterré au cimetière, comme d'autres membres de sa famille par la suite. Aujourd'hui encore, nombre d'aficionados viennent lui rendre hommage, ainsi que les membres de la communauté tzigane dont il faisait partie.

Si vous aussi vous voulez vous recueillir sur la tombe d'un des plus célèbres guitaristes du XXe siècle ou remonter le passé des grandes familles russes, le cimetière de Samois-sur-Seine vous ouvre ses portes sur une page d'histoire et de musique.

Adresse Route du Cèpe, 77920 Samois-sur-Seine | **Accès** De la mairie, rue du
11-Novembre, rue des Martyrs, avenue de la Libération | **Horaires d'ouverture** Du lundi
au jeudi de 8 h 30 à 12 h 30 et de 15 h à 17 h 30, le vendredi de 8 h 30 à 12 h 30 et de
15 h à 16 h 30, le samedi de 9 h à 12 h | **À savoir** Prenez aussi le temps de vous promener
le long de la Seine pour découvrir les affolantes, ces extraordinaires maisons de campagne
construites au tournant du XIXᵉ et du XXᵉ siècle au bord du fleuve.

99__ Le lotissement haut de gamme

Bouygues n'a rien inventé

Si Paris fut radicalement transformé au XIXe siècle par le baron Hauss-mann, Seine-Port connut sa métamorphose au XVIIIe siècle grâce à l'intervention d'une femme exceptionnelle, Madame de Montesson. Jusqu'en 1773, comme de nombreux villages de Seine-et-Marne, Seine-Port se réduisait à une rue qui allait du moulin jusqu'à la Seine. Mais avec l'arrivée de l'épouse du duc Louis-Philippe d'Orléans, petit-fils du Régent, tout changea. Fille d'un négrier, Madame de Montesson ne pouvait épouser un prince de sang sans le consentement de Louis XV, qui voyait cette union d'un très mauvais œil. Après moult péripéties et interventions, l'affaire se fit pourtant, mais sous certaines conditions. Le mariage eut lieu dans le plus grand secret, l'épousée ne put jamais paraître à la cour et on lui refusa même le droit de porter le titre de duchesse d'Orléans. Qu'à cela ne tienne, elle ne pouvait briller à Versailles, elle le fit donc en son domaine de Saint-Port, que son richissime mari lui avait offert en cadeau de noces.

Son enthousiasme l'amena à tout transformer, du château au village, ce qui nécessita une importante main-d'œuvre. Elle fit venir les artisans nécessaires à la réalisation des travaux. D'abord hébergés au château, ils devinrent cependant trop nombreux et durent être relogés ailleurs – la marquise décida tout simplement d'agrandir la bourgade. Pour ce faire, elle créa deux places, dont une sur l'emplacement de son jeu de paume, fit percer quatre rues et imposa un véritable cahier des charges à la construction des nouvelles habitations. L'orientation des maisons, le type de tuile, la position de l'escalier ou la hauteur des murs extérieurs, tout fut réglementé. Elle dessina ainsi le nouveau visage de Saint-Port et chacun, du maçon au maître verrier en passant par le régisseur, le prêtre ou le médecin, profita de l'esprit d'entreprise et de la générosité de cette grande dame.

Adresse Le plan du lotissement se trouve place Madame-de-Montesson, 77240 Seine-Port. Les maisons sont identifiées par le chiffre du duc d'Orléans | **Accès** De Melun, D346, D82, D50 | **Horaires d'ouverture** Libre accès, visites guidées à 15 h pour la fête des associations en septembre | **À savoir** Pour profiter un peu plus longtemps de Seine-Port, essayez le Dix-huit, petit bar à vin très sympathique qui donne sur la place Madame-de-Montesson.

100__La ferme de la Vallière

La maison aux deux visages

Si vous voulez passer une nuit dans une maison tout à fait étonnante, direction Tancrou et la ferme de la Vallière, à quelques kilomètres de Lizy-sur-Ourcq. Cette bâtisse de plus de 300 ans a la particularité d'avoir deux façades totalement dissemblables. L'une, côté cour, couverte de lierre, s'accorde avec le reste des bâtiments du corps de ferme tandis que la façade côté jardin est celle d'une maison de plaisance du XVIIIe siècle. C'est un peu comme si vous étiez Harry Potter et que vous aviez utilisé un peu de « poudre de cheminette » pour passer d'un endroit à un autre, tout à fait magique !

Dans cette bâtisse atypique, Anne Moret a créé deux belles chambres d'hôtes de 35 et 40 mètres carrés. Ces suites peuvent accueillir 4 personnes chacune et disposent d'une entrée indépendante. Tout en préservant l'âme de la maison, Anne a su créer un décor raffiné alliant des éléments de mobilier ancien au confort moderne. Elle propose le petit-déjeuner dans une salle à manger rehaussée de boiseries anciennes ou dans le magnifique jardin. Lorsqu'il fait vraiment mauvais, elle met également à disposition un salon où passer un moment agréable devant la cheminée.

Pour les visites et les promenades, la ferme de la Vallière est idéalement située. Il y a les bords de Marne et leurs petits restaurants, Meaux et sa cathédrale, ainsi que le parc Disneyland qui n'est qu'à une demi-heure de route. Si vous venez de Paris, le train vous conduit jusqu'à la gare de Lizy-sur-Ourcq ou celle de Changis-sur-Marne, situées tout près de la propriété. C'est aussi un endroit parfait pour les gourmets puisque cette exploitation agricole met à l'honneur les produits du terroir, en particulier le fromage, le cidre et le jus de pomme. En effet, le mari d'Anne, Clément, élève des chèvres dont le lait est transformé sur place en d'excellents fromages, et cultive les pommes qui servent à produire un jus et un cidre tout à fait délicieux.

Adresse 59 Grande-Rue, 77440 Tancrou, tél. 07 60 61 77 78, annemoret@gmail.com
ou lesfromagesdechevremoret@gmail.com **| Accès** Suivre A4 ou D3 **| Horaires d'ouverture**
Boutique à la ferme : de mars à décembre de 9 h à 12 h, sauf le dimanche. Jeudi de
l'Ascension, marché campagnard toute la journée **| À savoir** Si Tancrou est le berceau de
la famille Moret, c'est aussi l'endroit que choisirent Alain Delon et Romy Schneider pour
acheter une maison, qui se trouve encore à côté de l'église.

101 Le château de By

Le travail c'est la santé…

Savez-vous comment l'artiste Rosa Bonheur acquit le château de By à Thomery ? C'est tout simple, elle vendit un seul tableau, *Le Marché aux chevaux*. Normal pour une artiste connue, me direz-vous ! Mais en ce milieu du XIXᵉ siècle – pour une femme de surcroît –, c'était un véritable exploit.

Pourtant, Rosa Bonheur n'a probablement jamais douté de son talent puisque, dès l'âge de 14 ans, cette enfant prodige vécut de sa peinture, et cela jusqu'à son décès à l'âge de 77 ans. Passionnée de peinture animalière, sa vie et celle de ses proches s'organisa très rapidement autour de son travail. Au château de By, où elle s'installa avec madame Micas et sa fille Nathalie, qu'elle considérait comme sa deuxième famille, elle fit venir des dizaines d'animaux qu'elle peignit sans relâche. Ainsi, dans le parc du château se côtoyaient moutons, chamois et… lions. Elle parcourait aussi sans relâche la campagne et les marchés aux bestiaux pour dessiner bovins et chevaux, ses modèles préférés. Pour être plus à l'aise, elle demanda même l'autorisation de porter le pantalon – une permission de travestissement –, qu'elle fut la première femme en France à obtenir. Elle ne se maria jamais, préférant la compagnie de personnes de confiance comme Nathalie ou la peintre Anna Klumpke à une vie d'épouse et de mère de famille, qui l'aurait contrainte à abandonner son style de vie.

Après sa mort, celle qui fut l'une des peintres les plus connues de son temps fut oubliée, jusqu'à ce que Katherine Brault rachète le château et redonne vie à cette Belle au Bois dormant. Avec un enthousiasme sans limites, elle fait revivre la demeure et l'œuvre de Rosa Bonheur, qui fut aussi précurseure quant aux questions de l'égalité hommes-femmes et le statut des animaux. C'est un vrai plaisir de découvrir l'atelier de l'artiste. Dans ce lieu où tout est resté intact depuis plus de 100 ans, il est possible que Rosa apparaisse, enfin, si elle le veut bien…

Adresse 12 rue Rosa-Bonheur, 77810 Thomery, tél. 09 87 12 35 04, www.chateau-rosa-bonheur.fr, contact@chateau-rosa-bonheur.fr | **Accès** De Fontainebleau, D606, D301, D137 | **Horaires d'ouverture** Du mardi au dimanche de 10 h à 18 h, visites guidées sur réservation. Ouverture pour les journées du patrimoine | **À savoir** Le château vous propose également un magnifique salon de thé, des chambres d'hôtes XIXᵉ et, l'été, le festival musical Un Temps pour elles, spécialement dédié à des compositrices.

102 — Le centre archéologique et patrimonial Archeo-Sat77

Retour vers notre histoire

Saviez-vous que les chiens avaient un statut tout à fait particulier sous l'Antiquité ? Moi non, jusqu'à ce que je découvre le centre archéologique et patrimonial de Touquin, petite commune à une quinzaine de kilomètres de Coulommiers. Cet espace, inauguré en 2019, vous invite à voyager dans le passé et à découvrir l'histoire locale du paléolithique jusqu'au Moyen Âge. Mais rassurez-vous, ici, rien d'ennuyeux. Vous n'aurez pas à longer d'interminables enfilades de silex, de monnaies ou de morceaux de poterie comme dans certains musées. Au contraire, les bénévoles de l'association Archéo-Sat77 qui gèrent cet espace ont su créer une scénographie attrayante et accessible à tous les publics.

L'exposition s'articule selon un parcours chronologique, organisé autour de petites vitrines et de panneaux explicatifs. Il est complété par des présentations thématiques regroupant les trois disciplines essentielles de l'archéologie : la céramologie, la carpologie et l'archéozoologie, qui font parler les objets. Vous pourrez ainsi apprendre comment on chassait au néolithique ou découvrir les techniques de construction chez les Gallo-romains. Vous y verrez également de petites pépites, tels cette malle ayant appartenu à un archéologue du XIXe siècle ou ce sarcophage « à rallonge » exhumé en 1960, au cœur même du village.

Pour la petite histoire, c'est grâce à la mobilisation de toute la commune que ces trésors ont pu rester dans le village. En effet, soutenue par l'ensemble de ses administrés, la municipalité a décidé, en 2018, de réhabiliter les locaux actuels et de les mettre à disposition de l'association. Les bénévoles ont pris alors le relais pour réaliser l'aménagement intérieur et la mise en valeur de la collection. Archéo-Sat77 a ainsi réussi le pari de faire revivre tous ces objets et leur faire raconter l'histoire de ceux qui vécurent avant nous et qui forgèrent notre civilisation.

Adresse 12 rue du Commerce, 77131 Touquin, tél. 01 75 89 04 62, www.sat77-archeologie.fr |
Accès À partir de Coulommiers, suivre D402 et D25 | **Horaires d'ouverture** Musée et
bibliothèque ouverts mercredi, vendredi, samedi de 10 h à 17 h. Visites guidées et animations
pour les scolaires et les groupes sur rendez-vous | **À savoir** Créé avant tout comme un lieu
d'échange, le musée s'est doté d'une bibliothèque ouverte à tous les férus d'histoire qui
peuvent y approfondir leurs connaissances.

103__La Tête des Trains

Que la musique soit bonne

La Tête des Trains est le dernier café encore ouvert de Tousson, 388 habitants. C'est dire que le lieu est stratégique dans le village ! Cet espace culturel de proximité a été créé par une équipe de Toussonnais motivés qui ont élu domicile dans la maison familiale de Pierre Beltante. La bâtisse abritait des commerces depuis le XVIIIe siècle, et les grands-parents de « Pierrot » y ont eux-mêmes exercé leur métier de cafetiers-épiciers-restaurateurs pendant plus de 40 ans. En 1981, il en hérite sans savoir réellement qu'en faire.

Il faut dire qu'il avait un métier cet homme-là, et que la perspective de tenir un café ne le tentait pas du tout. En revanche, l'idée de s'investir dans un lieu associatif correspondait tout à fait à son parcours et à ses valeurs. Alors, avec d'autres bénévoles, il a créé une association qui est devenue foyer rural. Ce dernier a pour mission de créer du lien social au sein de la commune. Il propose notamment un espace pour des activités parents-enfants, La marmite des rencontres, et participe à l'insertion des jeunes. Parallèlement, La Tête des Trains a obtenu le label « Cafés-musiques ». Il fut le premier en Seine-et-Marne.

La Tête des Trains est aujourd'hui une scène reconnue où se produisent toute l'année des dizaines de groupes. On y joue de tout, du jazz manouche au chaâby-groove en passant par le reggae, le ska ou le tango. La salle accueille 70 personnes dans une atmosphère on ne peut plus éloignée des salles m'as-tu-vu de la capitale. Ici, pas la peine de se mettre sur son trente-et-un – l'essentiel, c'est de participer. Si le bar est ouvert, les gens sont là avant tout pour la musique, alors, pendant les concerts, la papote, c'est dehors ! Le dimanche soir, Pierrot sort ses marmites et propose ses petites recettes. Là encore, il fait ça en toute simplicité, plat unique pour tout le monde et dessert s'il y en a. C'est à la bonne franquette, car le but de la manœuvre, c'est d'être ensemble.

Adresse 6 rue de la Mairie, 77123 Tousson, tél. 01 64 24 76 37, www.latetedestrains.com, contact@latetedestrains.com | **Accès** De Fontainebleau : D152, D63, rue de la Roncelette | **Horaires d'ouverture** Le vendredi et le samedi de 19 h à 23 h 45 et le dimanche de 16 h à 21 h. Concerts et repas du dimanche, sur réservation | **À savoir** À Tousson, le café n'est pas le seul commerce à résister, il y a aussi la boucherie qui se trouve de l'autre côté de la rue. Alors vive le petit commerce !

104_La fresque d'André Roussimoff

Portraits croisés

En vous baladant à Ussy-sur-Marne, au niveau du Pâtis, vous découvrirez une impressionnante fresque. Elle représente un ancien habitant de la commune et a été réalisée par une artiste locale. Ils ne se sont jamais rencontrés, mais elle le connaît très bien puisqu'il la fait rêver depuis son enfance.

Le modèle, c'est André Roussimoff. Cet enfant du pays était quelque peu atypique, puisqu'il mesurait 2,26 mètres et pesait plus de 200 kilos. Pas facile de trouver des chaussures de foot quand on chausse du 56 à 14 ans ! C'est pourtant cet exceptionnel gabarit qui fit sa fortune, puisque le petit Dédé s'envola pour les États-Unis et se fit connaître comme catcheur – il devint même l'une des figures emblématiques de ce sport ultra-populaire outre-Atlantique. C'est ensuite au cinéma et à la télévision qu'il fit carrière : il joua notamment dans la série *L'homme qui valait trois milliards*.

L'artiste, c'est Moe Delaitre. Jusqu'en 2002, elle vécut à Annapolis, où elle était une portraitiste reconnue et une membre active de la vie artistique de la ville. Pourtant l'amour en décida autrement. Lors d'un mariage dans le sud de la France, elle fit la connaissance de son futur mari, et ce fut le coup de foudre… Après quelques années entre la France et l'Amérique, elle décida de s'installer définitivement à Ussy-sur-Marne. Grande fan de Roussimoff depuis l'enfance, elle ignorait pourtant qu'il venait de la petite ville de Seine-et-Marne où elle venait d'emménager. Un ami américain de passage, enthousiasmé par cette coïncidence, la persuada de faire le portrait de leur idole. Et elle sut immédiatement où : sur un mur du café de la Marne, là où il aimait boire un petit coup lorsqu'il revenait au village. Elle crée une œuvre sur le principe de l'harmonie – ce que le géant lui inspirait. Depuis, André The Giant veille sur le Pâtis et ses joueurs de boules…

Adresse Le Pâtis, 77260 Ussy-sur-Marne | **Accès** En bas du village, face à la Marne | **À savoir** Les cendres d'André Roussimoff, mort en 1993 à l'âge de 46 ans, ont été dispersées sur l'un de ses ranchs de l'autre côté de l'Atlantique, mais on peut encore voir des photos de lui dans le petit café d'Ussy. Vous pouvez retrouver tous les autres portraits de Moe Delaitre sur son compte Instagram (@moedelaitre) ou sur son compte facebook (www.portraitsbymoe).

105__Les Monts Moyens

Amis pour la vie

Il existe un endroit emblématique de l'amitié indéfectible qui exista entre l'auteur irlandais Samuel Beckett et le peintre polonais Henri Hayden. Vous le trouverez tout en haut du village d'Ussy-sur-Marne, face à l'ancienne rue de Molien, rebaptisée rue Samuel-Beckett. C'est un lieu appelé « Les Monts Moyens » qui devint, pour les deux artistes, essentiel à leur création.

Beckett, de caractère ombrageux, avait besoin d'un refuge loin de l'agitation de Paris. Il rêvait de calme et de nature et, grand marcheur depuis l'enfance, souhaitait retrouver les grands espaces qu'il avait connus en Irlande. Hayden, lui, après sa période cubiste, était en train de créer un nouveau langage pictural s'inspirant essentiellement de la campagne. Tous les deux trouvèrent à Ussy-sur-Marne ce qu'ils cherchaient. Beckett acheta un terrain face à ces champs où il fit construire « sa petite maison », comme il l'appelait, pour vivre en secret, loin du monde. Quant à Hayden, il trouva dans les paysages seine-et-marnais une source inépuisable d'inspiration, croquant la vue de collines et de labours d'innombrables fois, en toutes saisons et sous toutes les lumières. Cette vie simple à la campagne devint le ciment de leur amitié et lorsqu'ils étaient à Ussy, ils étaient inséparables. Face à « cette terre ni trop verte ni trop plate » comme le disait Beckett, l'un s'occupait de ses arbres – qu'il plantait par dizaines – et l'autre travaillait à ses croquis. Le soir, les deux compères s'attardaient longuement au café des pêcheurs avant de rejoindre « la petite maison » pour jouer aux échecs et savourer encore quelques whiskys, irlandais bien sûr !

Depuis cette époque, rien n'a changé. « Les Monts Moyens » sont restés tels que les deux artistes les ont connus et la maison de Samuel Beckett est toujours là, à peine transformée. Si rien n'est venu troubler cette campagne, c'est grâce à la volonté farouche des habitants de préserver leur patrimoine et l'histoire de ces deux amis.

Adresse Face à la rue Samuel-Beckett, 77260 Ussy-sur-Marne | **Accès** De la mairie D21P | **À savoir** Il existe une promenade « Sur les pas du peintre Henri Hayden » qui permet de faire halte devant chaque paysage peint par l'artiste, et de découvrir sur des panneaux les œuvres qui s'y rapportent (informations sur le site de l'Association pour la sauvegarde d'Ussy, assu77ussy.fr).

106 Le Point du Jour

Le royaume des âmes sœurs

Le Point du Jour est un jardin extraordinaire inventé par deux doux dingues, qui se sont rencontrés dans les années 1970 et ne se sont plus quittés depuis. Françoise suivait des études scientifiques lorsqu'elle rencontra Christian, pépiniériste de formation. Cupidon décocha ses flèches, la belle troqua son éprouvette contre une binette et la folle aventure put commencer.

Ils voulurent, dans un premier temps, créer une pépinière, mais le projet manquait cruellement de folie pour ce jeune couple à l'imagination débordante. Ils se décidèrent plutôt pour un jardin, un jardin magique. La première étape fut la création d'un parterre en arêtes de poissons, qui permettait de mettre les plantes en valeur et de faire circuler les acheteurs dans des conditions plus agréables. À partir de là, tout s'enchaîna, une idée en entraînant une autre, l'un entraînant l'autre. Du côté de la vie de couple, tout s'accéléra aussi, puisque cinq enfants naquirent tour à tour, et la pépinière devint pour un temps la pouponnière du Point du Jour. La famille s'agrandit en même temps que le jardin, car, chez les Bougnoux, tout a toujours été lié. La cabane, par exemple, fut conçue par Christian comme arme de séduction massive pour offrir à sa belle des moments intimes ; la plage sert pour les baignades estivales et, dans la cathédrale végétale, les vitraux racontent la genèse de cette grande famille.

Le jardin du Point du Jour est aussi une histoire d'amitié et d'échange. En effet, ici, on se débrouille, on récupère chez les uns et les autres, des amis ramènent de vieux trucs, des artistes et des artisans inventent des objets uniques pour la réalisation d'un projet… Le partage est essentiel pour Françoise et Christian, qui ont voulu un jardin ouvert à tous. 40 ans après leur installation, ces deux-là ont toujours le feu sacré et partagent encore leur passion avec le même bonheur. À vous de vous immiscer dans leur royaume enchanté et de vous laisser prendre par la magie du lieu.

Adresse Hameau Le Point du Jour, 77510 Verdelot, tél. 01 64 04 85 54, francoise.bougnoux@wanadoo.fr, www.pepinière-jardin.com | **Accès** D407 à partir de la Ferté-sous-Jouarre | **Horaires d'ouverture** Lundi, mardi, vendredi, samedi et dimanche de 14 h à 18 h | **À savoir** Le jardin Le Point du Jour fait partie de l'association Âme de Jardins, qui invite à la découverte de lieux d'exception (www.provins.net, rubrique « Âme de Jardins »).

107 __ L'abri antiaérien

Une protection à toute épreuve

L'abri antiaérien de Villenoy est une construction civile unique en son genre. Datant de la Seconde Guerre mondiale, il est le seul exemplaire d'abri hors sol en France. Pour le trouver, il faut pénétrer dans l'enceinte de l'ancienne sucrerie de la ville et passer le petit pont qui enjambe le ru de Rutel. Dissimulé au milieu d'une clairière, cet immense cône de 18 mètres, construit entre 1939 et 1940, vous domine de toute sa hauteur.

Pour comprendre la construction de ce bâtiment, il faut remonter à l'année 1935. À cette époque, l'État français, déjà conscient qu'une nouvelle guerre n'était pas à exclure, mit en place un certain nombre de mesures pour protéger les populations civiles, notamment contre les attaques aériennes. Entre autres, il contraignit les entreprises à trouver des solutions pour mettre à l'abri leurs propres salariés. La direction de la sucrerie de Villenoy n'eut donc d'autre choix que de s'exécuter. Elle confia le projet à l'un de ses ingénieurs – aucune trace de son nom, mais son dossier d'étude a été miraculeusement retrouvé dans les archives de l'entreprise il y quelques années. À travers ses notes, plans et commentaires, l'élaboration de ce projet hors norme prend vie sous nos yeux ; on découvre que ce qui pouvait paraître de prime abord contraire à la logique était d'une redoutable efficacité.

L'abri fut utilisé seulement deux fois en 1944, puis fut complètement oublié jusqu'en 2011, date à laquelle François Daveau, infatigable retraité, décida de lui redonner vie. Après avoir débarrassé l'abri des tonnes de déchets qui l'encombraient et avoir trié ce qui pouvait être récupéré, il commença sa réhabilitation. Il fut soutenu dans cette mission par la commune qui prit en charge les gros travaux, comme le ravalement du bâtiment réalisé par des cordistes en 2014. C'est François Daveau lui-même qui vous guide à travers les huit niveaux de ce colosse de béton et, croyez-moi, avec ce féru d'histoire, la visite est passionnante !

Adresse 91 rue Aristide-Briand, 77124 Villenoy | **Accès** À partir de l'hôtel de ville, suivre rue de la Mairie et avenue du Parc | **Horaires d'ouverture** Visites gratuites le 8 mai, le 11 novembre et le samedi du week-end des journées du patrimoine. Inscription obligatoire auprès du service patrimoine de la mairie de Villenoy au 01 60 09 82 45 ou patrimoine@villenoy.fr. Possibilité de visites en groupe de 10 à 12 personnes | **À savoir** Il existe un autre abri antiaérien sous le musée Bossuet à Meaux, dont s'occupe aussi François Daveau. Des visites sont également organisées à certaines dates (renseignements à l'office du tourisme de Meaux, tél. 01 64 33 02 26).

108_ L'ancienne sucrerie
De la betterave pour sucrer les fraises

Je ne peux évoquer Villenoy sans parler de l'ancienne sucrerie qui a été, pendant 130 ans, l'acteur économique principal de la ville. Créée en 1870, la sucrerie devint, avec celle de Cambrai, la plus grosse usine de production de sucre au monde, et façonna le bourg et les environs au gré de ses besoins. Elle fut d'ailleurs l'un des employeurs majeurs de la région meldoise : dans les années 1930, elle employait jusqu'à 500 salariés auxquels s'ajoutaient, pendant les campagnes, plus de 1 000 saisonniers qui récoltaient la betterave dans les différentes fermes alentour.

D'autres ouvriers travaillaient également pour la sucrerie, comme les ouvriers des râperies, des usines où l'on acheminait les betteraves pour en extraire le « jus vert » – lavées, râpées puis pressées, on récupérait des betteraves un jus qui était chaulé afin d'éviter la fermentation et expédié vers la sucrerie grâce à un réseau de 120 kilomètres de canalisations.

À partir de 1964, l'expansion de la sucrerie se vit également sur les routes. Avec le développement du transport routier, ce furent des centaines de camions qui prirent d'assaut les routes pendant les trois mois de la campagne sucrière, les transformant en bourbiers et compliquant la circulation lorsqu'ils se renversaient au milieu de la chaussée. La sucrerie exhalait également une odeur sirupeuse, légèrement écœurante, qui flottait aussi pendant les mois de grande activité. Comme une marque de fabrique en quelque sorte.

En 2004, Tereos, le propriétaire de la sucrerie, ferma l'usine. Le choc fut rude, mais le conseil municipal réagit très vite et, pour ne pas laisser le terrain à l'abandon, acquit le site dès 2005. L'usine principale fut rasée et certains bâtiments anciens réhabilités pour maintenir le patrimoine historique. Quant à la culture de la betterave, elle est toujours bien présente aux alentours, et le traffic en souffre toujours autant l'hiver !

Adresse 91 rue Aristide-Briand, 7724 Villenoy | **Accès** À partir de l'hôtel de ville, suivre rue de la Mairie et avenue du Parc | **À savoir** Sur place, il reste encore à voir l'ancienne maison du gardien/pôle petite enfance, le bâtiment administratif/pôle médical, les labos/maisons des associations, les anciennes écuries et les énormes silos roses encore en activité.

109___L'avenue Balzac

Les maisons de l'amour

Perpendiculaire à la rue Jean-Jaurès, l'avenue Balzac rappelle que l'écrivain, encore jeune auteur, a vécu à Villeparisis pendant plusieurs années, qui furent décisives pour sa carrière et son œuvre. Arrivé dans la commune en 1820 pour retrouver sa famille, le jeune homme âgé de 21 ans avait déjà commencé à écrire, mais restait peu sûr de lui et cherchait encore sa voie. À l'époque, le bourg n'avait rien de particulièrement attrayant : c'était un village étape, situé sur la grande route royale qui reliait Paris à l'est de la France. C'est pourtant là que séjournait régulièrement madame Laure de Berny, une femme qui changea sa vie et qui fut « celle qui m'a fait homme », comme lui-même l'écrivit.

La famille de Balzac habitait dans une maison située à l'entrée du village côté Paris, aujourd'hui au 54 de la rue Jean-Jaurès. Il n'en reste rien, si ce n'est une plaque commémorative et le pommeau de l'escalier conservés dans le petit musée situé à l'entrée du parc juste à côté. Quant à celle de madame de Berny, elle se trouvait à quelques centaines de mètres, de l'autre côté du bourg, au niveau de l'actuel gymnase Aubertin. Cette proximité fut déterminante dans la passion qui naquit entre ces deux êtres. Filleule de Louis XVI et de Marie-Antoinette, Laure de Berny avait 23 ans de plus que Balzac et était mère de neuf enfants, dont il fut un temps le précepteur. À la fois amante, confidente et mécène, cette femme exceptionnelle lui servit de modèle pour nombre de ses héroïnes.

La société d'histoire Villeparisis et son passé propose de partir sur les traces du célèbre écrivain et de sa passion de jeunesse avec la fabuleuse madame de Berny. Au cœur du Villeparisis du début du XIXe siècle, ses membres vous invitent à découvrir les lieux et les habitants qui inspirèrent Balzac et qu'il intégra dans ses romans. Une belle façon d'appréhender autrement la genèse de cette œuvre immense qu'est *La Comédie humaine*.

Adresse À la perpendiculaire de la rue Jean-Jaurès, 77270 Villeparisis | **Accès** N3 puis rue de Ruzé ou rue Jean-Jaurès | **Horaires d'ouverture** Visites guidées sur rendez-vous au 06 83 28 75 59. Musée ouvert tous les samedis matin de 10 h à 12 h | **À savoir** Devant le centre culturel de Villeparisis, il existe la sculpture *V* de l'artiste Victor Vasarely.

110___La maison de Jean Bruller dit « Vercors »

La maison du silence

Pour accéder à cette maison, il faut aller jusqu'à l'église, prendre la rue du Touarte qui se trouve juste derrière, puis remonter le coteau jusqu'à l'extrême limite du village. Vous la trouverez au 31bis, surplombant la vallée. C'est là que le dessinateur et écrivain Jean Bruller, plus connu sous son nom de résistant « Vercors », écrivit l'un de ses plus beaux textes, *Le Silence de la mer*.

C'est un autre illustrateur, Pierre Falké, qui lui proposa de visiter cette maison à la campagne. De prime abord, il la trouva bien trop grande, mais se décida tout de même à la louer à partir de 1933 et à s'y installer avec sa femme Jeanne Barruseaud et leurs enfants. Elle était selon lui « d'un loyer si raisonnable, pas même le quart de ce que je paye à Paris », que l'argument prima sur ses réticences. Cette bâtisse avait déjà accueilli des artistes, notamment les peintres Albert Grenier ou Henri de Toulouse-Lautrec. Mais avec Vercors, la maison prit une tout autre dimension dans l'histoire de la littérature française puisqu'à l'été 1941, l'auteur y écrivit *Le Silence de la mer*. Plus qu'un simple lieu de vie, elle devint la source d'inspiration principale pour décrire le cadre de son célèbre texte. C'est également dans cette maison que l'illustrateur devint Vercors. Il adopta définitivement ce pseudonyme et n'écrivit plus que sous ce nom. Pour faire paraître son livre, il se fit également éditeur et fonda clandestinement les Éditions de Minuit avec son ami Pierre de Lescure. Ils publièrent le texte en février 1942, en pleine Occupation.

L'écrivain ne resta pas à Villiers. Il quitta la maison en 1948, après que sa femme et lui se sont séparés. Aujourd'hui, la maison est habitée par des particuliers et ne peut malheureusement pas être visitée. Seule une plaque indique que *Le Silence de la mer* est né entre ces murs. Vous pouvez malgré tout admirer le beau paysage qui s'étend devant la maison et qui a dû aussi inspirer Jean Bruller ou, du moins, l'aider à créer.

DANS CETTE DEMEURE

JEAN BRULLER DIT "VERCORS"

ECRIVIT LE SILENCE DE LA MER

1902 - 1991

Adresse 31bis rue du Touarte, 77580 Villiers-sur-Morin | **Accès** De Meaux, D603, D360, A140, A4, D406 | **À savoir** Villiers-sur-Morin est aussi connu pour avoir été un lieu de prédilection pour les peintres. Amédée Servin, notamment, eut un coup de foudre pour le village. Nombre de ses amis artistes y séjournèrent à leur tour. Vous trouverez une stèle à son effigie.

111 Le musée départemental Stéphane Mallarmé

Le faune de « Valvins »

Face à la Seine et à la forêt de Fontainebleau, cette ancienne auberge fut investie, à partir de 1874, par l'un des plus grands poètes français, Stéphane Mallarmé. Il trouva dans cette campagne du sud de la Seine-et-Marne un véritable paradis, déclarant qu'il « s'était fiancé » avec sa maison – qui n'avait pourtant rien d'exceptionnel. Elle devint cependant pour l'écrivain une source de bonheur toujours renouvelée.

Continuant de travailler comme professeur d'anglais à Paris pour vivre, Mallarmé, chef de file du symbolisme, fit rapidement de Valvins son lieu de villégiature : il loua d'abord deux pièces pendant les vacances puis, une fois à la retraite, y passa de plus en plus de temps. Dans son environnement favori, c'était un homme heureux. Il menait la vie qui lui convenait, seul ou entouré des siens et de ses nombreux amis, parmi lesquels Berthe Morisot, Auguste Rodin ou Paul Valéry…

Avant de se mettre à ses textes, il canotait sur le fleuve. Il s'occupait aussi de son jardin clos – typique de l'époque – composé d'une partie ornementale, d'un potager et d'un verger qu'il cultivait lui-même. Restitué par la paysagiste Florence Dollfus, il reflète encore, avec la maison, tout l'art de vivre de cette deuxième moitié du XIXᵉ siècle. Mallarmé était intarissable sur son jardin, dont il parlait longuement dans ses lettres : « Chaton, les iris masquent délicieusement le bas de la porte et bientôt bleuiront », écrivit-il par exemple à sa fille Geneviève.

Pour tous les amoureux des jardins – et pour les autres aussi – un conseil : venez passer quelques heures dans cette maison du bonheur. Vous apprendrez à mieux connaître l'auteur de *L'Après-midi d'un faune*, mis en musique par Claude Debussy et chorégraphié par le célèbre danseur russe Vaslav Nijinski. Vous serez très probablement, tout comme moi, instantanément conquis par l'ambiance. Sous les pommiers, il est même possible de s'installer pour profiter du moment…

Adresse 4 quai Stéphane-Mallarmé, 77870 Vulaines-sur-Seine, tél. 01 64 23 73 27, www.musee-mallarme.fr, mallarme@departement77.fr | **Accès** De Fontainebleau, D606, D116, D138, D210 | **Horaires d'ouverture** De mars à octobre, tous les jours sauf le mercredi de 10 h à 12 h 30 et de 14 h à 17 h 30 (18 h en juillet et août) | **À savoir** Le musée Stéphane Mallarmé est également composé de trois salles pour les expositions temporaires et d'une bibliothèque ouverte à tous rassemblant les œuvres du poète.

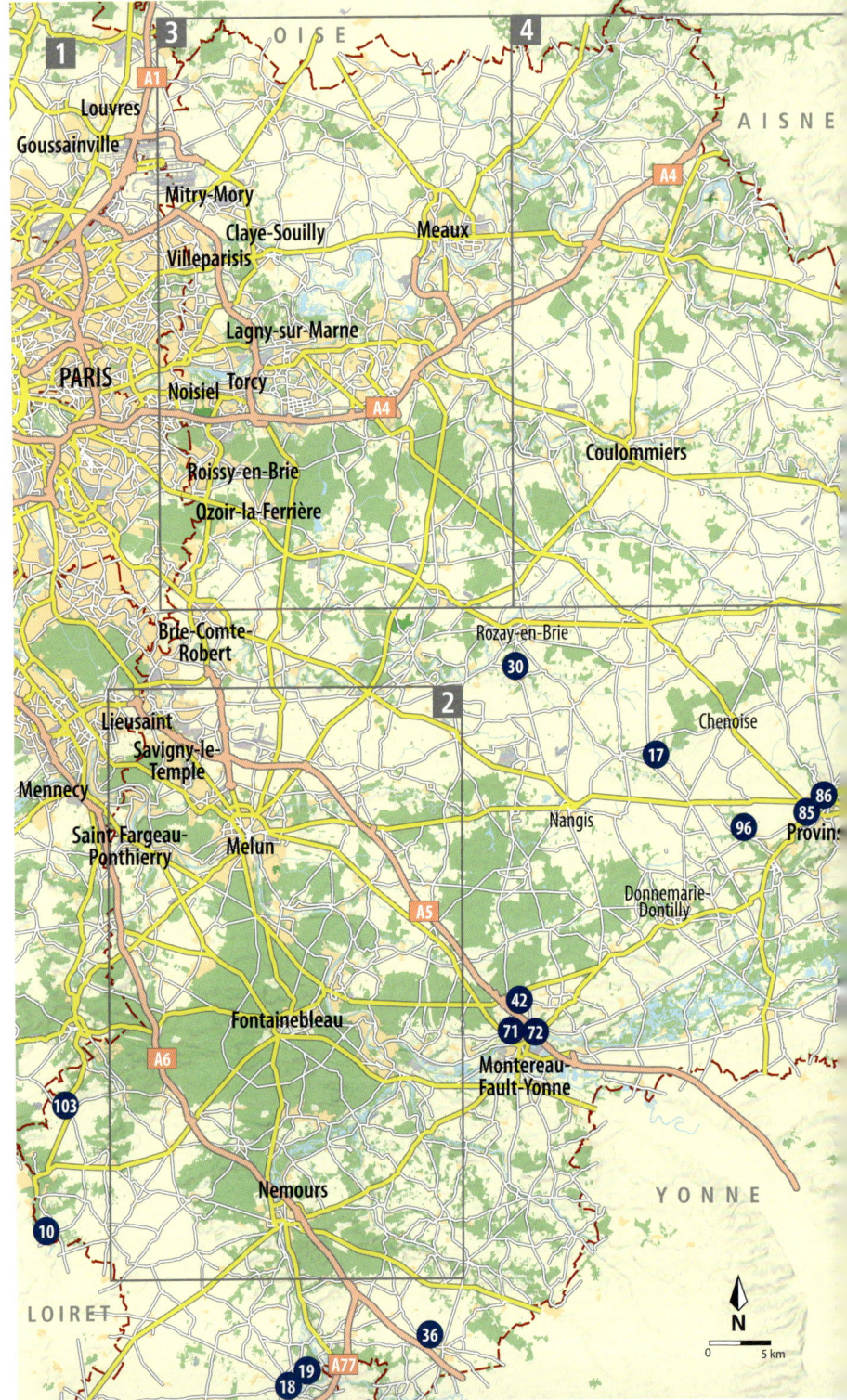

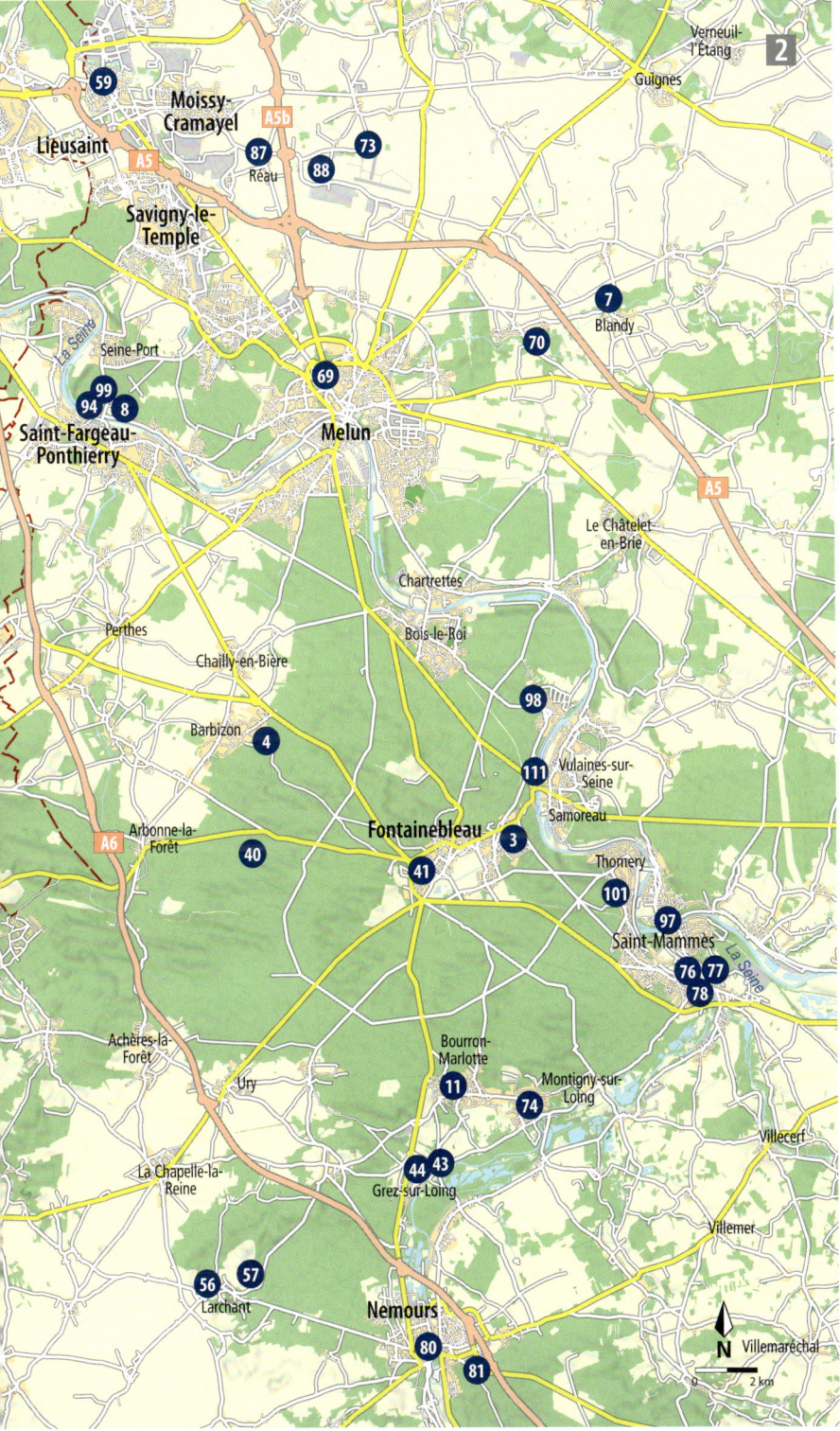

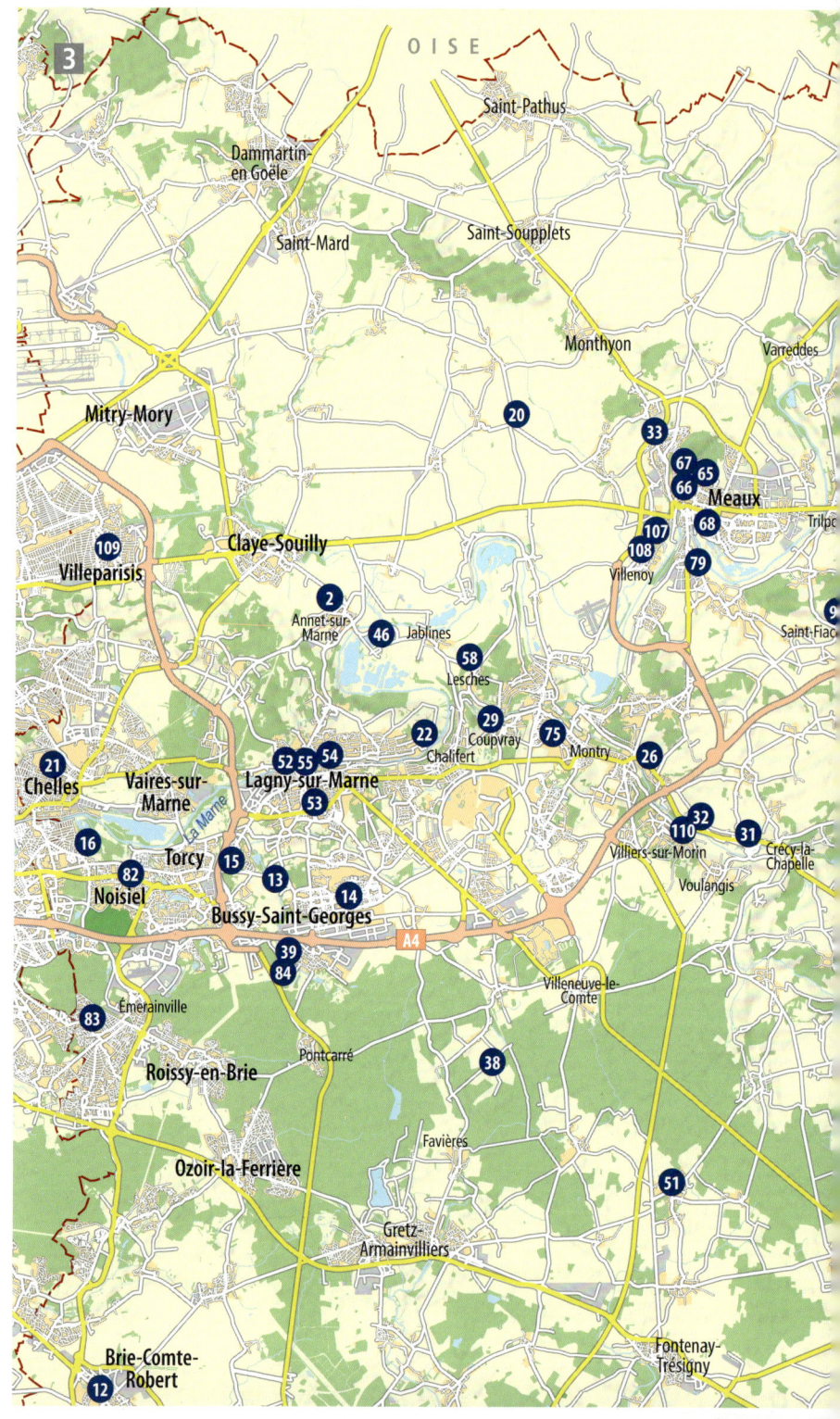

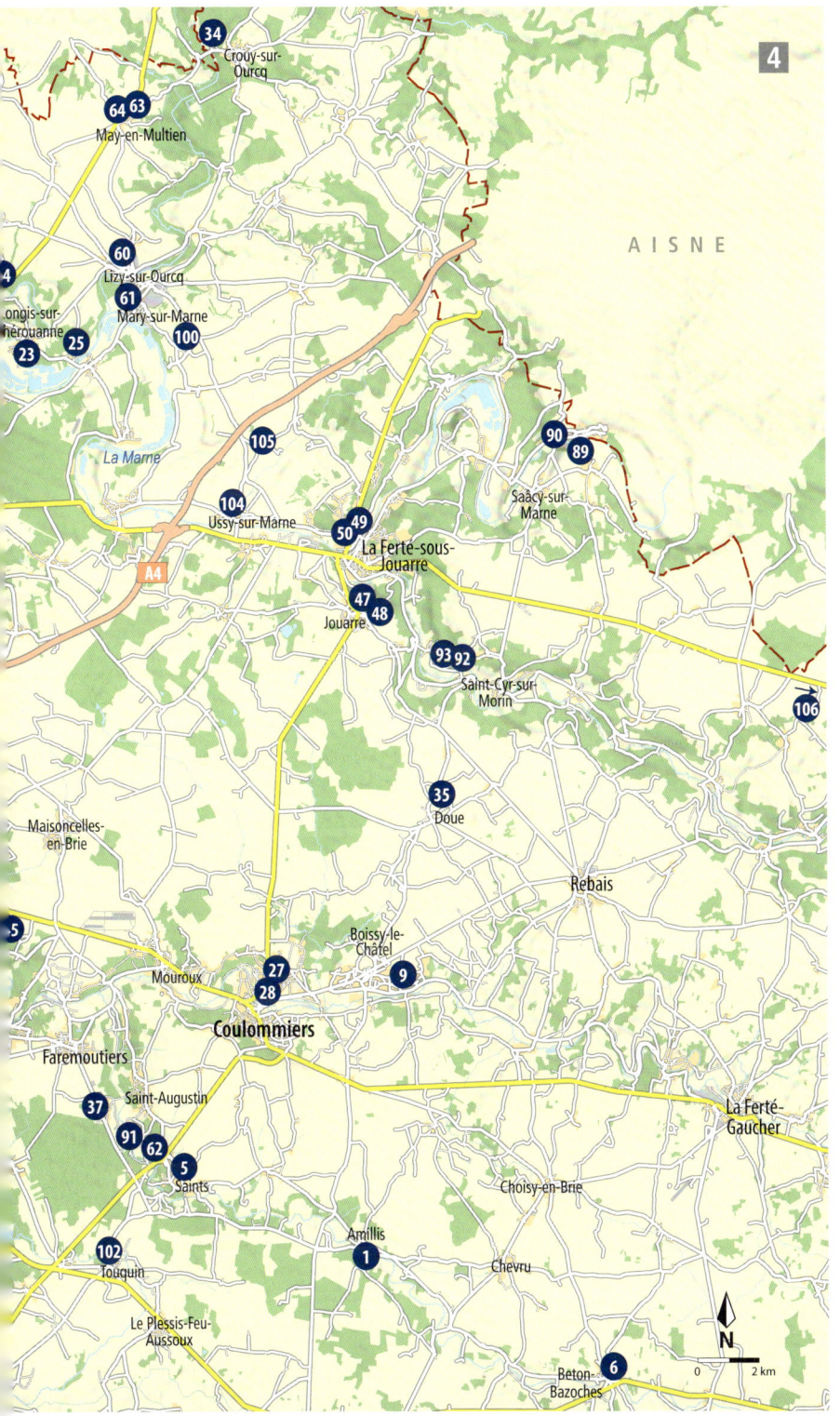

Sybil Canac, Renée Grimaud,
Katia Thomas
111 Lieux à Paris
à ne pas manquer
ISBN 978-3-7408-0697-2

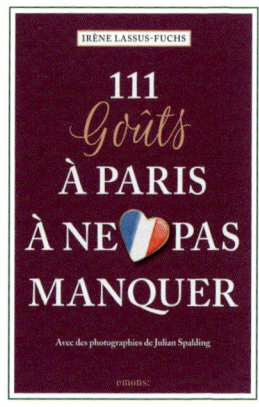

Irène Lassus-Fuchs,
Julian Spalding
111 Goûts à Paris
à ne pas manquer
ISBN 978-3-7408-0713-9

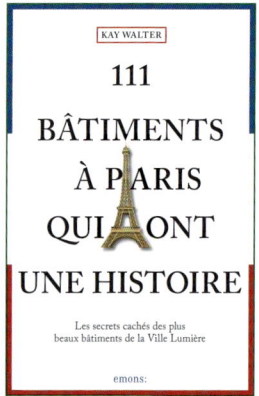

Kay Walter
111 Bâtiments à Paris
qui ont une histoire
ISBN 978-3-7408-1025-2

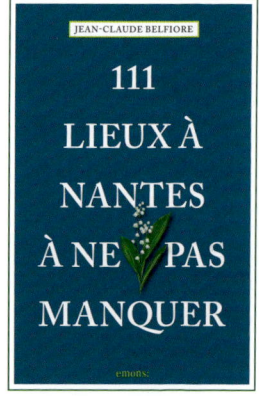

Jean-Claude Belfiore
111 Lieux à Nantes
à ne pas manquer
ISBN 978-3-7408-1052-8

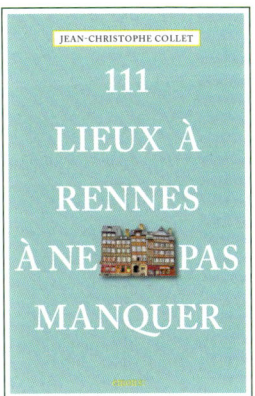

Jean-Christophe Collet
111 Lieux à Rennes
à ne pas manquer
ISBN 978-3-7408-1021-4

Dominique Milherou
111 Lieux à Marseille
à ne pas manquer
ISBN 978-3-7408-1051-1

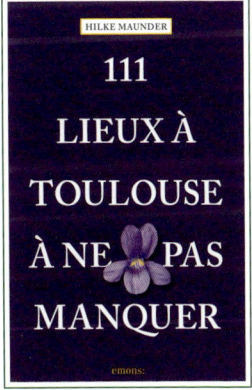

Hilke Mauder
111 Lieux à Toulouse
à ne pas manquer
ISBN 978-3-7408-1055-9

Thibaut Bernardin
111 Lieux à Strasbourg
à ne pas manquer
ISBN 978-3-7408-1022-1

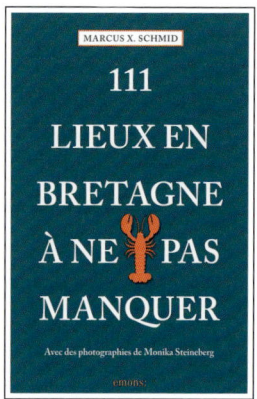

Marcus X Schmid
**111 Lieux en Bretagne
à ne pas manquer**
ISBN 978-3-7408-0821-1

Cécile Amarger,
Lucie Mauffrey
**111 Lieux en Franche-Comté
à ne pas manquer**
978-3-7408-1053-5

Daniel Moirenc
**111 Lieux en Normandie
à ne pas manquer**
ISBN 978-3-7408-0834-1

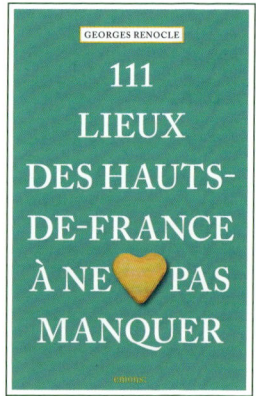

Georges Renocle
**111 Lieux des Hauts-de-
France à ne pas manquer**
ISBN 978-3-7408-0696-5

Remerciements

Je remercie chaleureusement toutes les personnes qui ont eu la gentillesse et la patience de me recevoir. Grâce à eux, j'ai découvert des lieux vraiment fabuleux dont je ne soupçonnais pas l'existence avant le début de cette aventure. Je salue l'imagination et le courage de tous ceux qui travaillent à sauvegarder et à mettre en valeur notre patrimoine. Je remercie également tous ceux qui m'ont aidé dans mes recherches. J'ai une pensée pour mes amies, mes « poissons-pilotes » comme je les ai surnommées, qui m'ont accompagnée dans ces visites. Mention spéciale à Janine Kochowski qui m'a fait profiter de ses nombreux contacts et m'a soutenue tout au long de ce projet.

Florence Hocheder, née à Bourges, s'installe en Seine-et-Marne, à Meaux plus précisément, en 1991 et travaille pendant 30 ans dans l'industrie et le commerce. Ne trouvant plus aucune satisfaction dans ces domaines, passionnée de littérature et d'histoire, elle décide en 2019 de partir à la découverte de ce département qu'elle connaît encore mal. Bien lui en a pris : grâce à des personnalités hors du commun, elle a pu accéder à des lieux étonnants et donner une seconde chance à cette région dont elle est maintenant si fière.